मार्केटिंग

ब्रायन ट्रेसी सक्सेस सीरीज़ के अंतर्गत मंजुल द्वारा प्रकाशित अन्य पुस्तकें :

1. लीडरशिप
2. मैनेजमेंट
3. टाइम मैनेजमेंट
4. पर्सनल सक्सेस
5. सेल्स सक्सेस
6. मीटिंग्स दैट गेट रिज़ल्ट्ज़
7. मोटिवेशन
8. बिज़नेस स्ट्रैटेजी
9. निगोशिएशन

मार्केटिंग

ब्रायन ट्रेसी

अनुवाद : डॉ. सुधीर दीक्षित

MANJUL

मंजुल पब्लिशिंग हाउस

MANJUL

मंजुल पब्लिशिंग हाउस

कॉरपोरेट एवं संपादकीय कार्यालय

• द्वितीय तल, उषा प्रीत कॉम्प्लेक्स, 42 मालवीय नगर, भोपाल-462003

विक्रय एवं विपणन कार्यालय

• सी-16, सेक्टर 3, नोएडा, उत्तर प्रदेश - 201301, इंडिया

वेबसाइट : www.manjulindia.com

वितरण केन्द्र

अहमदाबाद, बेंगलुरू, कोच्चि, कोलकाता, चेन्नई,
हैदराबाद, मुम्बई, नई दिल्ली, पुणे

ब्रायन ट्रेसी द्वारा लिखित मूल अंग्रेजी पुस्तक
मार्केटिंग का हिन्दी अनुवाद

Marketing by Brian Tracy – Hindi Edition

मार्केटिंग

मूल रूप से अमेरिकन मैनेजमेंट असोसिएशन इंटरनैशनल,
न्यू यॉर्क के प्रभाग ऐमेकॉम द्वारा प्रकाशित

यह हिन्दी संस्करण 2019 में पहली बार प्रकाशित
6वीं आवृत्ति 2026

ISBN 978-93-89143-69-0

हिन्दी अनुवाद : डॉ. सुधीर दीक्षित

मुद्रण व जिल्दसाज़ी : मणिपाल टेक्नोलॉजीज़ लिमिटेड, मणिपाल

अनुक्रमणिका

प्रस्तावना

किसी कंपनी की सफलता या असफलता मूलतः मार्केटिंग की सफलता या असफलता से तय होती है। यही बुनियादी कारण है। डन एंड ब्रैडस्ट्रीट के अनुसार 48 प्रतिशत कारोबार इसलिए असफल हुए, क्योंकि वे मार्केटिंग और बिक्री के क्षेत्र में धीमे या प्रभावहीन थे। आज की प्रगतिशील और प्रतिस्पर्धी अर्थव्यवस्था में मार्केटिंग हर सफल कंपनी का बुनियादी काम है। चाहे आप किसी भी व्यवसाय में हों, आप 'मार्केटिंग के व्यवसाय' में हैं।

मार्केटिंग पर इस शक्तिशाली, व्यावहारिक पुस्तक में आप इक्कीस मुख्य विचार और कई 'उप-विचार' सीखेंगे या दोबारा सीखेंगे, जिनका इस्तेमाल करने पर आपके मार्केटिंग परिणाम बेहतर बन सकते हैं - वह भी तुरंत।

रणनीतिक मार्केटिंग कला भी है और विज्ञान भी। इसमें आप यह पता लगाते हैं कि आपके ग्राहक और भावी ग्राहक सचमुच क्या चाहते हैं और उन्हें किस चीज़ की ज़रूरत है - और वे किस चीज़ का इस्तेमाल कर सकते हैं तथा ख़र्च उठा सकते हैं, फिर आप उन्हें उनकी मनचाही चीज़ देने के लिए अपने प्रॉडक्ट्स व सेवाओं को नए सिरे से ढालते हैं, ताकि ग्राहकों की वे निश्चित आवश्यकताएँ संतुष्ट हो जाएँ, जिन्हें आपने पहचाना है।

रणनीतिक मार्केटिंग का लक्ष्य यह है कि आप ज़्यादा बड़े भौगोलिक क्षेत्र में विस्तार कर सकें, अपने प्रॉडक्ट्स ज़्यादा भाव पर बेच सकें, ज़्यादा संख्या में बेच सकें और बाज़ार में स्थायित्व, शक्ति और नेतृत्व हासिल कर सकें।

पहला नियम

सफल मार्केटिंग का शुरुआती बिंदु यह याद रखना है कि ग्राहक हमेशा सही होते हैं। वे आपके नहीं, उनके कारणों से ख़रीदते हैं। ग्राहक स्वार्थी होते हैं और बहुत कुछ माँगते हैं। वे बेरहम, बेवफ़ा और चंचल होते हैं, लेकिन उनकी ज़रूरतों, इच्छाओं और दृष्टिकोणों के आधार पर वे हमेशा सही होते हैं। जब भी ग्राहकों को ऐसा लगता है कि किसी दूसरी जगह पर उनकी बेहतर सेवा होगी, तो वे ख़रीदने की जगह बदल लेंगे।

उनकी सच्ची इच्छाओं को पूरा करने की आपकी क्षमता और उनकी दिखने वाली ज़रूरतों को संतुष्ट करने की आपकी योग्यता बेहद महत्त्वपूर्ण है, क्योंकि काफ़ी कुछ इसी से कारोबार में आपकी सफलता या असफलता तय होती है।

मार्केटिंग कई योग्यताओं का एक समूह है, जिसे आप सीख सकते हैं और आपको सीखना चाहिए। इसके लिए आपको बस निश्चित विचारों और अवधारणाओं को दिमाग़ में लगातार रखना है और कुछ अति महत्त्वपूर्ण प्रश्न नियमित रूप से पूछना है। अगर आप इस पुस्तक में दिए प्रश्नों के जवाब सोचने में समय लगाते हैं, तो आपकी मार्केटिंग योग्यताएँ काफ़ी पैनी हो जाएँगी।

इस पुस्तक का सबसे अहम हिस्सा यह है कि आप इसे पढ़ने के बाद क्या करते हैं। इसके बाद आप जो करते हैं और जितनी जल्दी करते हैं, उसी से यह तय होगा कि यह पुस्तक आपके लिए कितनी मूल्यवान रही है।

जब आप किसी काम के बारे में पढ़ें या सोचें, जिससे आप अपनी मार्केटिंग को बेहतर बना सकते हैं, तो तुरंत सक्रिय हो जाएँ और उस पर अमल करें। देर ना करें। तात्कालिक महत्त्व के अहसास और कर्म के प्रति रुझान की आदत डालें। ये वे अनिवार्य गुण हैं, जो सभी महान व्यवसायियों में पाए जाते हैं।

1

किसी व्यवसाय के उद्देश्य

कई लोग सोचते हैं कि किसी व्यवसाय का उद्देश्य सिर्फ़ मुनाफ़ा कमाना होता है, लेकिन जैसा पीटर ड्रकर ने स्पष्ट किया था, व्यवसाय का असल उद्देश्य 'एक ग्राहक बनाना और उसे क़ायम रखना' है। किसी सफल व्यवसाय की सारी कोशिशों का लक्ष्य ग्राहक बनाना है, चाहे यह कैसे भी किया जाए। मुनाफ़ा और कुछ नहीं, किफ़ायती ढंग से ग्राहक बनाने और उन्हें क़ायम रखने का परिणाम है।

पहली बार ग्राहक बनाने की लागत बहुत ज़्यादा होती है। इसकी तुलना में उन्हें क़ायम रखने की लागत बहुत कम होती है। अगर आप मार्केटिंग के क्षेत्र में सबसे कुशल कंपनियों का अध्ययन करें, तो आप पाएँगे कि ग्राहक बनाना और उन्हें क़ायम रखना ही उनकी सभी रणनीतियों का लक्ष्य है।

गुणवत्ता की मार्केटिंग

उच्च गुणवत्ता के प्रॉडक्ट या सेवा देना संभवतः मार्केटिंग की सबसे लाभकारी रणनीति है। गुणवत्ता मार्केटिंग की सबसे शक्तिशाली और प्रभावी रणनीति है। आपके व्यवसाय की 90 प्रतिशत सफलता आपके

प्रॉडक्ट की गुणवत्ता से ही तय होती है। लोग हमेशा गुणवत्ता वाले सप्लायर से ख़रीदेंगे और ज़्यादा भाव पर ख़रीदने को भी तैयार रहेंगे। वे उस कंपनी के पास बार-बार लौटकर आएँगे, जो उन्हें ऊँची गुणवत्ता की वस्तुएँ और सेवाएँ देती है।

गुणवत्ता क्या है? इस बारे में बरसों तक विचार-विमर्श और बहस हुई है। क्वालिटी कॉलेज के संस्थापक फ़िलिप क्रॉसबी ने कहा था, "गुणवत्ता का मतलब यह है कि आपका प्रॉडक्ट वह कितना करता है और कितने लंबे समय तक करता है, जो आपने उसे बेचते समय कहा था कि यह करेगा।"

ब्रांड का मतलब है बाज़ार में आपकी प्रतिष्ठा। शायद ब्रांड की सर्वश्रेष्ठ परिभाषा यह है, "वे वादे जो आप करते हैं और निभाते हैं।" आपकी गुणवत्ता की रेटिंग इस बात से तय होती है कि आपने बेचते समय अपने ग्राहक को आकर्षित करने के लिए जो वादे किए थे, आपका प्रॉडक्ट उन्हें कितने प्रतिशत समय पूरा करता है।

सफल मार्केटिंग की दूसरी बुनियादी रणनीति है गुणवत्तापूर्ण सेवा। हार्वर्ड यूनिवर्सिटी ने कई साल तक पीआईएमएस (प्रॉफ़िट इम्पैक्ट फ़ॉर मार्केटिंग स्ट्रैटेजी) नामक अध्ययन किया, जिसके अनुसार किसी प्रॉडक्ट की गुणवत्ता में दो घटक शामिल होते हैं : एक तो प्रॉडक्ट ख़ुद होता है। दूसरा घटक यह है कि प्रॉडक्ट को किस तरह बेचा जाता है और बाद में किस तरह सेवा की जाती है।

यानी सिर्फ़ प्रॉडक्ट ही मायने नहीं रखता है। आप अपने ग्राहकों से कैसा व्यवहार करते हैं, यह भी मायने रखता है - पहले संपर्क से लेकर आपके प्रॉडक्ट या सेवा के पूरे इस्तेमाल तक। लोग हमेशा वस्तुओं और सेवाओं के गुणवत्तापूर्ण विक्रेता के पास लौटकर आएँगे, चाहे भाव जो भी हो।

वे आपके बारे में कैसा महसूस करते हैं

मार्केटिंग में सफलता के लिए एक और घटक बहुत महत्त्वपूर्ण होता है। यह है संबंध। हमारे व्यावसायिक संबंधों की गुणवत्ता से ही यह तय होता है कि हम बहुत सारे ग्राहक बना पाते हैं या नहीं और उन्हें क़ायम रख पाते हैं या नहीं।

कई बार मैं अपने श्रोताओं से पूछता हूँ, "लोग कितने प्रतिशत भावनात्मक निर्णय लेते हैं और कितने प्रतिशत तार्किक निर्णय लेते हैं?"

उनके थोड़े जवाब सुनने के बाद मैं कहता हूँ, "लोग 100 प्रतिशत भावनात्मक होते हैं।" वे भावनात्मक आधार पर निर्णय लेते हैं और फिर उन निर्णयों को तार्किक कसौटी पर तर्कसंगत बनाते हैं। आपके प्रॉडक्ट के बारे में उनकी वर्तमान भावनाएँ तो महत्त्वपूर्ण होती हैं, उनके मन की यह धारणा भी ख़ासतौर पर महत्त्वपूर्ण होती है कि ख़रीदने के बाद उन्हें कैसा महसूस होगा। वर्तमान और भावी भावनाओं से ही यह तय होता है कि वे आपका प्रॉडक्ट ख़रीदेंगे या नहीं।

एसएएस एयरलाइंस के पूर्व प्रेसिडेंट जॉन कार्लज़ोन ने एसएएस को यूरोप की सबसे लाभदायक कंपनियों में से एक बनाया था। उन्होंने अपने अनुभवों के आधार पर एक पुस्तक लिखी है, जिसका शीर्षक है *मूमेंट्स ऑफ़ ट्रूथ*। इस अभूतपूर्व पुस्तक में उन्होंने यह बताया है कि ग्राहक से होने वाला हर संपर्क 'सत्य का पल' होता है, जिसका एक प्रभाव होता है और उसी से काफ़ी हद तक यह तय होता है कि वह ग्राहक दोबारा आपसे ख़रीदेगा या नहीं। नए ग्राहक बनाने के लिए मार्केटिंग, विज्ञापन, प्रचार और बेचने की लागत ज़्यादा होती है। मौजूदा ग्राहक को संतुष्ट करने की लागत नए ग्राहक बनाने की लागत से लगभग दस प्रतिशत ही होती है। इससे यह स्पष्ट हो जाता है कि जो कंपनियाँ ग्राहक को उत्कृष्ट सेवा देकर उन्हें बनाए रखती हैं, वही हमेशा सबसे ज़्यादा लाभदायक और सबसे तेज़ गति से विकास करती हैं।

ग्राहक ख़रीदना

उद्योग चाहे जो हो, हर कंपनी 'ग्राहक ख़रीदने' के व्यवसाय में होती है। ग्राहकों की एक निश्चित 'अधिग्रहण लागत' होती है, चाहे यह बात कंपनियों को पता हो या ना हो। यह शायद किसी कंपनी की सफलता में लागत संबंधी सबसे महत्त्वपूर्ण घटक होता है।

ग्राहक अधिग्रहण की लागत में वह सारा पैसा जोड़ा जाता है, जो आप ग्राहक से पहली बार अपना सामान ख़रीदवाने के लिए ख़र्च करते हैं। ग्राहक अपने जीवनकाल में कंपनी को जितना मुनाफ़ा कराएगा, अगर कंपनी उससे कम राशि में उसे ख़रीद सकती है, तो उस कंपनी का अस्तित्व क़ायम रहता है।

आजकल हम करोड़ों या अरबों डॉलर बिक्री करने वाली कंपनियों के बारे में पढ़ते हैं, जो घाटे में चल रही हैं। यहाँ आप इस पुरानी कहावत का एक उदाहरण देख रहे हैं : "हम हर बिक्री पर घाटा उठाते हैं, लेकिन हम ज़्यादा मात्रा में बेचकर इसकी भरपाई कर लेंगे।"

बुनियादी तौर पर कंपनी को घाटा इसलिए होता है, क्योंकि किसी व्यक्तिगत ग्राहक की अधिग्रहण लागत उस कुल मुनाफ़े से ज़्यादा होती है, जो ग्राहक कंपनी को कराएगा।

आपकी कंपनी किसी ग्राहक से जितना मुनाफ़ा कमा सकती है, अगर आप उससे कम लागत में ग्राहक ख़रीद सकते हैं, तो आप ज़्यादा से ज़्यादा ग्राहक ख़रीदने के लिए कितनी भी राशि ख़र्च कर सकते हैं। यह व्यवसाय में सफलता का एक बड़ा रहस्य है। यह प्रभावी मार्केटिंग की बुनियादी आवश्यकता भी है।

2

सफल मार्केटिंग की चार नीतियाँ

चार तरीक़ों से आप अपने प्रॉडक्ट और सेवाएँ बाज़ार में पेश करते हैं।

उपयोगिता उत्पन्न करना

पहला तरीक़ा है *उपयोगिता* उत्पन्न करना। इसमें आप किसी ख़ास परिणाम को हासिल करने के लिए अपने ग्राहकों की आवश्यकताओं को संतुष्ट करते हैं। इस नीति के लिए यह आवश्यक है कि आप ग्राहकों को कोई ऐसी चीज़ दें, जिसकी उन्हें ज़रूरत है और जिसका इस्तेमाल करके वे अपने दूसरे लक्ष्य हासिल कर सकते हों। इसका एक आदर्श उदाहरण बेलचा या ट्रक बेचना है, जो उपयोगी तो होते हैं, लेकिन ग्राहक उनसे दूसरे लक्ष्य हासिल करना चाहते हैं। आपने शायद यह कहावत सुनी होगी, "लोग ड्रिल नहीं ख़रीदते हैं, वे तो चौथाई इंच के छेद ख़रीदते हैं।"

फ़ेडेक्स उपयोगिता या आवश्यकता पर निर्मित नए उद्योग का अच्छा उदाहरण है। ऐपल ने आईपॉड, आईफ़ोन और आईपैड के लिए बिलकुल नए उद्योगों को बनाया है, लेकिन इसके बहुत साल पहले ही फ़ेडेक्स ने ओवरनाइट मेल का उद्योग स्थापित कर दिया था, जिसका पहले कभी कोई अस्तित्व ही नहीं था। पारंपरिक डाक सेवा धीमी गति से पहुँचती थी,

इसलिए फ़ेडेक्स के संस्थापक फ्रेड स्मिथ ने पत्रों और पैकेज की रातों-रात त्वरित डिलिवरी की भारी आवश्यकता को भाँप लिया।

अपने वर्तमान बाज़ार पर नज़र डालें। आगे आने वाले महीनों और सालों में आपके ग्राहक और संभावित ग्राहक क्या चाहेंगे, उन्हें किस चीज़ की ज़रूरत होगी और वे किसके लिए पैसे देने के इच्छुक होंगे? जैसा पीटर ड्रकर ने कहा था, "रुझान ही सब कुछ है।" आपके बाज़ार में ग्राहक की माँगों का रुझान किस तरफ़ है? अगर आप इस प्रश्न का सटीक जवाब दे सकते हैं, तो आप प्रायः अपनी प्रतिस्पर्धा को फाँदकर उस नए बाज़ार पर अपना शिकंजा कस सकते हैं, जो अभी बना ही नहीं है।

सही भाव तय करना

मार्केटिंग की दूसरी नीति यह है कि आप अपने प्रॉडक्ट का भाव बदल लें। अपनी वस्तुओं और सेवाओं को अपने ग्राहकों के भाव के दायरे में ले आएँ। इस तरह आप बिलकुल नए बाज़ार के द्वार खोल सकते हैं, जो आज मौजूद ही नहीं हैं। इसी दुर्लभ ज्ञान की बदौलत हेनरी फ़ोर्ड संसार के सबसे अमीर व्यक्तियों में से एक बने, हालाँकि पहले उन्होंने दशकों तक आर्थिक संघर्ष किया था। उन्होंने यह ताड़ लिया कि अगर वे बड़े पैमाने पर कारों का उत्पादन करते हैं, तो वे इसका भाव इतना कम रख सकते हैं कि अमेरिका के ज़्यादातर लोग अपने लिए कार ख़रीद सकें। इस लक्ष्य के साथ उन्होंने व्यापक उत्पादन और उपभोग के क्षेत्र में क्रांति कर दी।

कई कंपनियों ने अपने भाव ज़्यादा ग्राहकों के किफ़ायती दायरे में लाने पर ध्यान केंद्रित किया और वे बाज़ार में लीडर बन गईं। हमने यह पाया है कि बाज़ार में आपकी हिस्सेदारी जितनी ज़्यादा होगी और उत्पादन की लागत जितनी कम होगी, तो आप ग्राहकों को अपने प्रॉडक्ट उतने ही कम भाव पर दे सकते हैं। जापान की कंपनियाँ साल दर साल इस रणनीति का ज़बर्दस्त इस्तेमाल करती हैं। सबसे पहले तो वे बाज़ार

में हिस्सेदारी हासिल करने के लिए अपने प्रॉडक्ट्स और सेवाओं का यथासंभव न्यूनतम भाव तय करती हैं। बाज़ार में हिस्सेदारी हासिल करने के बाद वे बड़े पैमाने पर उत्पादन करती हैं, जिससे उत्पादन लागत घट जाती है। वे इस बचत का लाभ अपने ग्राहकों को देते हुए अपने भाव कम कर देती हैं, जिससे बाज़ार में उनकी हिस्सेदारी और भी बढ़ जाती है। इस नीति पर चलकर अंततः उन्होंने कई बाज़ारों में प्रवेश करने के बाद उन पर क़ब्ज़ा कर लिया।

अपने ग्राहक की वास्तविकता पहचानें

मार्केटिंग में तीसरी रणनीति ग्राहक की सामाजिक और आर्थिक वास्तविकता के अनुरूप ढलना है। सियर्स इसका आदर्श उदाहरण है। सियर्स ने कैटेलॉग व्यवसाय में बिना शर्त की मनीबैक गारंटी दी और इसकी बदौलत अपने समय में संसार का सबसे बड़ा रिटेलर बन गया।

उस वक्त तक ग्राहक की वास्तविकता यह थी कि अगर वह कोई ऐसी चीज़ ख़रीद लेता था, जो काम नहीं करती थी या जिसकी फ़िटिंग सही नहीं होती थी, तो वह उस प्रॉडक्ट को रखने और घाटा झेलने के लिए मजबूर था। सियर्स को यह बात समझ में आ गई कि यह समस्या ग्राहक के ख़रीदने में बहुत बड़ा अवरोध है। इसलिए सियर्स ने अपने प्रॉडक्ट की पेशकश को ग्राहक की वास्तविकता के अनुरूप ढाला, जिससे सामान बेचने और रिटेल सेल्स में क्रांति हो गई।

हर प्रॉडक्ट एक 'मुख्य लाभ' प्रदान करता है। यही लाभ वह बुनियादी कारण होता है, जिसकी वजह से ग्राहक उस प्रॉडक्ट को ख़रीदता है। हर प्रॉडक्ट या सेवा को ख़रीदते समय एक 'मुख्य डर' भी सताता है, जो ग्राहक को वह प्रॉडक्ट या सेवा ख़रीदने से रोकता है। मिसाल के तौर पर, ग्राहक जोखिम देखकर दहशत में आ जाते हैं। उनके मन में यह डर होता है कि कहीं वे ज़्यादा पैसे ना दे दें, ग़लत प्रॉडक्ट ना ख़रीद लें, पैसा ना गँवा दें और किसी गड़बड़ चीज़ के साथ ना फँस जाएँ। उनका

डर चाहे जो हो, यही वह मुख्य कारण होता है, जो पात्र संभावित ग्राहक को किसी भी प्रॉडक्ट या सेवा को ख़रीदने से रोकता है।

मुख्य लाभ का मतलब है वह अनूठा अतिरिक्त मूल्य, जो ग्राहक को आपके प्रॉडक्ट्स ख़रीदने पर मिलेगा। जब आप मुख्य लाभ पर ज़ोर देते हैं और इसके साथ ही उसके मुख्य डर को दूर कर देते हैं, तो आपके प्रॉडक्ट्स के लिए एक भारी बाज़ार खुल जाएगा।

सच्चा मूल्य पहुँचाना

मार्केटिंग की चौथी रणनीति यह है कि आप ग्राहक को वह दें, जिसका ग्राहक के लिए 'सच्चा महत्त्व' हो। ग्राहक के लिए कौन सी चीज़ें सच्चे महत्त्व की हैं, यह आप तभी पहचान सकते हैं, जब आप अपने ग्राहकों के साथ क़रीबी तौर पर काम करें।

आईबीएग इस रणनीति के इस्तेमाल का आदर्श उदाहरण है। अपने स्वर्णकाल में इस कंपनी का संसार के 80 प्रतिशत कंप्यूटर बाज़ार पर नियंत्रण था और इसके पीछे अच्छा कारण था। आईबीएम ने पाया कि लाखों डॉलर वाले हाईटेक उपकरणों के क्षेत्र में कंप्यूटर की उपयोगिता से ग्राहक उतने आकर्षित नहीं होते थे, जितने इस आश्वासन से होते थे कि किसी तरह की गड़बड़ी होने पर कंप्यूटर की मरम्मत जल्दी से हो जाएगी। इसी बात को ध्यान में रखते हुए आईबीएम ने ना सिर्फ़ विश्व-स्तरीय कंप्यूटर प्रॉडक्ट्स दिए, बल्कि यह सुरक्षा भी दी कि एक बार जब आप आईबीएम से कोई मशीन ख़रीदते हैं, तो किसी भी तरह की ख़राबी होने पर आपको विश्व की सर्वश्रेष्ठ सेवा मिलेगी। ग्राहक के लिए यही 'सच्चा मूल्य' था।

3

मार्केटिंग के तीन मुख्य प्रश्न

मार्केटिंग में हमेशा तीन मुख्य प्रश्न पूछने चाहिए, ख़ासतौर पर किसी नए प्रॉडक्ट या विचार के मामले में। अगर किसी वजह से आपके मौजूदा प्रॉडक्ट की बिक्री संतोषजनक नहीं है, तो आप ये तीन प्रश्न पूछ सकते हैं। ज़्यादातर कंपनियाँ पहला प्रश्न तो पूछती हैं, लेकिन हैरानी की बात यह है कि मैंने जिन कंपनियों को परामर्श दिया है, उनमें से कई बाक़ी प्रश्न तो कभी पूछती ही नहीं हैं।

क्या इसका बाज़ार है?

पहला प्रश्न है कि "क्या इसका बाज़ार है?" क्या ऐसे लोग हैं, जो सचमुच उस प्रॉडक्ट या सेवा को ख़रीदेंगे, जिसे आप बाज़ार में उतारने की सोच रहे हैं? याद रखें, नए प्रॉडक्ट्स के मामले में सफलता/असफलता का बुनियादी अनुपात 20/80 का होता है। इसका मतलब है कि आपके 80 प्रतिशत प्रॉडक्ट असफल रहेंगे। वे बाज़ार में महत्त्वपूर्ण हिस्सेदारी हासिल नहीं कर पाएँगे और कंपनी को घाटा होगा या कई बार तो इसे कारोबार से बाहर भी जाना होगा।

बीस प्रतिशत नए प्रॉडक्ट इतने सफल होंगे कि उनमें किया गया निवेश निकल आएगा और वे आपको मुनाफ़ा भी कमाकर देंगे। इन बीस में से एक धमाकेदार होगा। किसी भी साल बाज़ार में आने वाले 100 नए प्रॉडक्ट्स में से सिर्फ़ एक ही ज़बर्दस्त बेस्टसेलर बनता है। मिसाल के तौर पर, स्मार्टफ़ोन्स के लिए बनने वाले नए एप्स के बाज़ार पर नज़र डाल लें।

बाज़ार शोध

2012 में अमेरिकी कंपनियों ने सभी क़िस्म के बाज़ार शोध पर 8 अरब डॉलर से ज़्यादा ख़र्च किए। कंपनियाँ बाज़ार का शोध करने का ख़र्च उठाती हैं, इसका मुख्य कारण यह पता लगाना है कि किसी नए प्रॉडक्ट या सेवा के लिए बाज़ार मौजूद है या नहीं, उस बाज़ार में कौन से लोग या चीज़ें हैं और अगर पर्याप्त मुनाफ़ा देने वाले भाव पर बेचना है, तो इसके लिए प्रॉडक्ट या सेवा को क्या करना होगा। चौंकाने वाली बात यह है कि सावधानीपूर्वक किए गए तमाम बाज़ार शोध के बावजूद 80 प्रतिशत नए प्रॉडक्ट और सेवाएँ पहले या दूसरे साल में ही दम तोड़ देती हैं।

आज हम इससे बेहतर रणनीति का इस्तेमाल कर सकते हैं। यह रणनीति है 'ग्राहक को पहले बुलाएँ'। जब भी आपके पास किसी नए प्रॉडक्ट या सेवा का विचार आए, तो सर्वे, प्रश्नावली या फ़ोकस ग्रुप के झमेले में ना पड़ें। इसके बजाय एक ग्राहक को तुरंत अपने पास बुला लें और उसे बताएँ कि आपके मन में इस नए प्रॉडक्ट या सेवा का विचार आया है। क्या वह इसे ख़रीदेगा? वह इसके लिए कितने पैसे देगा? आपके नए प्रॉडक्ट या सेवा के विचार में ग्राहक को कौन से दोष या कमज़ोरियाँ नज़र आती हैं?

जब आप शुरुआती बाज़ार परीक्षण करते हैं और ग्राहक से स्पष्ट राय माँगते हैं, तो आप 'बाज़ार तक पहुँचने के समय' को बहुत कम कर

लेते हैं। इसके अलावा, नए प्रॉडक्ट को तैयार करने की आपकी लागत भी घट जाती है।

बाज़ार का आकार क्या है?

आपको दूसरा प्रश्न यह पूछना चाहिए कि क्या आपके प्रॉडक्ट या सेवा का बाज़ार *पर्याप्त बड़ा* है। काफ़ी हैरानी की बात है कि लोग यह प्रश्न कभी पूछते ही नहीं हैं, लेकिन आपको यह बात पता होनी चाहिए : क्या आप अपने प्रॉडक्ट को इतनी संख्या में बेच सकते हैं कि यह आर्थिक दृष्टि से लाभकारी हो?

शुरुआती विश्लेषण में आप यह तय करते हैं कि आपके प्रॉडक्ट के उत्पादन में कितनी निश्चित लागत लगेगी और प्रॉडक्ट को लाभदायक बनाने के लिए आपको किस भाव पर बेचना चाहिए, ताकि आपको वही धनराशि ख़र्च करने के दूसरे तरीक़ों की तुलना में ज़्यादा मुनाफ़ा हो।

फिर आप तय करते हैं कि आपको अपने प्रॉडक्ट की कितनी संख्या हर सप्ताह, हर महीने और हर साल बेचनी होगी, ताकि यह आपके समय और मेहनत का सार्थक निवेश बने। अंत में, आप तय करते हैं कि क्या बाज़ार में पर्याप्त संभावित ग्राहक हैं, जो आपकी अनुमानित अवधि में आपके प्रॉडक्ट या सेवा को ख़रीदेंगे।

क्या बाज़ार केंद्रित है?

तीसरा प्रश्न यह पूछना चाहिए : "क्या बाज़ार पर्याप्त केंद्रित है?" अगर अलग-अलग जगहों पर रहने वाले लोग कहते हैं कि वे आपका प्रॉडक्ट या सेवा ख़रीदेंगे, तो इसका मतलब है कि बाज़ार शायद केंद्रित नहीं है और आप विज्ञापन के मौजूदा तरीक़ों तथा बाज़ार के विद्यमान माध्यमों से इस तक नहीं पहुँच सकते हैं।

मान लें कि बाज़ार में किसी नए प्रॉडक्ट के 1,00,000 यूनिट्स बिक सकते हैं, लेकिन इसके ग्राहक निश्चित क्षेत्रों तक सीमित नहीं हैं।

ग्राहक तो पूरे उत्तर अमेरिका के 10,000 शहरों, कस्बों और गाँवों में बँटे हैं। इस बाज़ार तक यानी अपने प्रॉडक्ट के ग्राहकों तक आप किफ़ायती तरीक़े से कैसे पहुँचेंगे? याद रखें, आप मूलतः ग्राहक ख़रीदने के व्यवसाय में हैं। एक बार जब आप ऐसा प्रॉडक्ट बना लेते हैं, जिसे लोग ख़रीदने को तैयार हों, तो ग्राहक के अधिग्रहण की लागत आपकी सफलता या असफलता को तय करने वाला अति महत्त्वपूर्ण घटक होगी।

मान लें, किसी प्रॉडक्ट या सेवा का बड़ा बाज़ार है, लेकिन हो सकता है कि वह आपके लिए व्यावहारिक ना हो, अगर आप विद्यमान विज्ञापन या मार्केटिंग के साधनों से उस बाज़ार में अपना प्रचार ना कर सकते हों। आज अच्छी ख़बर यह है कि इंटरनेट की बदौलत आप छोटे क्षेत्रों में बहुत विशेषज्ञतापूर्ण बाज़ारों तक पहुँच सकते हैं और वह भी बहुत कम ख़र्च में।

कहा जाता है कि इंटरनेट सबसे अच्छा और सबसे बुरा मार्केटिंग साधन है। सबसे बुरा इसलिए, क्योंकि आप जिन लोगों तक संदेश पहुँचाते हैं, उनमें से ज़्यादातर की कोई रुचि नहीं होगी और वे शायद आपका मैसेज तुरंत डिलीट कर देंगे। यह सबसे अच्छा मार्केटिंग साधन इसलिए है, क्योंकि आप बहुत कम ख़र्च में लाखों-करोड़ों संभावित ग्राहकों तक पहुँच सकते हैं और 'भूसे के ढेर में सुई' खोजने में सक्षम हो जाते हैं।

4

बाज़ार शोध और बाज़ार संबंधी ख़ुफ़िया जानकारी

मार्केटिंग रणनीति और सैन्य रणनीति में कई समानताएँ होती हैं। दोनों ही रणनीतियों का उद्देश्य जीतना होता है, बाज़ार में भी और युद्धभूमि में भी। सभी सफल सैन्य अभियान शत्रु की उत्कृष्ट ख़ुफ़िया जानकारी और ज्ञान पर आधारित होते हैं। मार्केटिंग के सभी सफल अभियान अच्छे शोध और मार्केटिंग की अच्छी ख़ुफ़िया जानकारी पर आधारित होते हैं : यह जानकारी कि आपके प्रतिस्पर्धी क्या कर रहे हैं और बाज़ार में क्या चल रहा है।

याद रखें, आप स्टीव जॉब्स नहीं हैं। ग्राहक क्या ख़रीदेंगे या क्या नहीं ख़रीदेंगे, इस बारे में अपनी भावना या धारणा पर विश्वास करना कभी अच्छा नहीं होता। आपको अपने विचारों और भावनाओं को ज़्यादा महत्त्व ना देकर बाज़ार शोध और दूसरे लोगों की धारणाओं की कठोर वास्तविकता को ज़्यादा महत्त्व देना चाहिए।

ग्राहकों की राय माँगें

आजकल मार्केट रिसर्च या बाज़ार शोध के कई प्रभावी, किफ़ायती तरीक़े उपलब्ध हैं। शायद आपको आक्रमण की शुरुआत में इंटरनेट के जरिये ग्राहक सर्वे करना चाहिए। इस मामले में सर्वे मंकी डॉट कॉम हमारी प्रिय सेवा है, जो मुफ़्त है। यहाँ आप प्रश्नावली के ज़रिये बहुत सारे लोगों का सर्वे कर सकते हैं और अपने मार्केटिंग के प्रश्नों के तीव्र और सटीक जवाब पा सकते हैं। आप अपने ग्राहकों और ग़ैर-ग्राहकों के नामों की मेलिंग लिस्ट भी बना सकते हैं।

पिछले अध्याय में मैंने बाज़ार शोध करने का एक और तरीक़ा बताया था। इसमें आप अपने कुछ सबसे अच्छे ग्राहकों को सीधे फ़ोन करते हैं और नए प्रॉडक्ट के विचार पर सीधे उनकी राय और सलाह माँगते हैं। शायद आप उनमें से कुछ को लंच या डिनर के बाद की मीटिंग के लिए भी बुला सकते हैं। उनकी बेबाक राय और उनका ईमानदार फ़ीडबैक आपके लिए अमूल्य हो सकते हैं।

बाज़ार शोध करने का एक और तरीक़ा है, जो बहुत पुराना और लोकप्रिय है। फ़ोकस ग्रुप का इस्तेमाल करें। अपने ग्राहकों या संभावित ग्राहकों को टेबल पर बैठाएँ और उनसे ढेर सारे प्रश्न पूछें कि वे आपके नए प्रॉडक्ट या सेवा के विचार के बारे में क्या सोचते हैं। वे आपको इसकी शक्तियों और कमज़ोरियों के बारे में बता देंगे। वे बता देंगे कि आपके भाव, पैकेजिंग या आपके पूछे गए किसी दूसरे मुद्दे के बारे में वे क्या सोचते हैं - जिसमें आपके प्रतिस्पर्धी भी शामिल हैं।

चार प्रश्न

सावधानी से विश्लेषण करना और सही प्रश्नों के सटीक जवाब पाना ही बाज़ार के सफल शोध का आधार है। यहाँ चार महत्त्वपूर्ण प्रश्न दिए जा रहे हैं, जो आपको पूछने चाहिए।

आपका ग्राहक कौन है?

इस समय आपका प्रॉडक्ट कौन ख़रीदता है? किसने पहले ख़रीदा था? भविष्य में किसके इसे ख़रीदने की संभावना है? उनकी उम्र, शिक्षा का स्तर, आमदनी, वर्तमान रुचियाँ या उपभोग की आदतें, पेशा, पारिवारिक संरचना आदि क्या हैं? यह आपकी ग्राहक *जनसांख्यिकी* है। यह ग्राहक के बारे में अवलोकन योग्य घटक है। और यही सारी मार्केटिंग रिसर्च या बाज़ार शोध का शुरुआती बिंदु हैं।

आपको अपने ग्राहकों की *साइकोग्राफ़िक्स* भी जान लेनी चाहिए, यानी उनके विचार, भावनाएँ, जीवनमूल्य, नज़रिये, इच्छाएँ, आवश्यकताएँ, आशाएँ, स्वप्न, महत्त्वाकांक्षाएँ और हसरतें क्या हैं।

आपका ग्राहक कहाँ है?

आप अपने प्रॉडक्ट या सेवा की कब और कैसे मार्केटिंग करेंगे, यह तय करने में भूगोल की बहुत अहम भूमिका होती है। आपका ग्राहक मूलतः शहरी है या ग्रामीण? आपका ग्राहक दौलतमंद इलाक़े में रहता है या मध्यवर्गीय इलाक़े में रहता है?

डेबी फ़ील्ड्स का खोला पहला कुकी स्टोर असफल हो गया। वे रिटेल मार्केटिंग के बारे में कुछ नहीं जानती थीं, इसलिए उन्होंने यह स्टोर मुख्य मार्ग से कुछ दूर एक साइड स्ट्रीट पर खोला। इसके फलस्वरूप बहुत कम लोग उनके स्टोर के सामने से गुज़रे और उनकी बहुत कम कुकीज़ बिक पाईं।

जब उन्होंने अपना दूसरा मिसेज़ फ़ील्ड्स स्टोर खोला, तो उन्होंने अपनी ग़लती सुधार ली। उन्होंने ज़्यादा किराया देकर एक मुख्य फुटपाथ पर दुकान ली, जहाँ बहुत सारे लोग स्टोर के सामने से नियमित रूप से आते-जाते थे और काँच के केस में दिखने वाली उनकी कुकीज़ को देख सकते थे। बाक़ी इतिहास है। बात ही बात में डेबी फ़ील्ड्स ने 300 से ज़्यादा स्टोर खोल लिए और 500 मिलियन की दौलत बना ली।

आपका ग्राहक कैसे ख़रीदता है?

तीसरा प्रश्न इस बात की छानबीन करता है कि आपका ग्राहक सामान्यतः आपके प्रॉडक्ट कैसे ख़रीदता है – डायरेक्ट मेल से, होलसेल, रिटेल या फिर ऑनलाइन।

नेपोलियन हिल ने एक बार लिखा था, "कभी मानव स्वभाव का उल्लंघन करके जीतने की कोशिश ना करें।" उनका यह मतलब था कि लोग आदतों के गुलाम होते हैं। उन्हें चीज़ों को एक ख़ास तरीक़े से ख़रीदने की आदत होती है। वे वर्तमान में किसी प्रॉडक्ट या सेवा को जिस तरीक़े से ख़रीदते हैं, उससे भिन्न तरीक़े से ख़रीदने का आदी बनाने में बहुत लंबा समय लग सकता है और इसके बाद भी कोई गारंटी नहीं है।

ज़ाहिर है कि इसके कई बहुत बड़े अपवाद हैं। एमेज़ॉन के बारे में सोचें। कामकाज और परिवार की ज़िम्मेदारियों वाले व्यस्त स्त्री-पुरुषों के लिए एमेज़ॉन किसी वरदान से कम नहीं है। वे किसी प्रॉडक्ट या सेवा का ऑर्डर देकर उसे बहुत जल्दी बुला सकते हैं, जबकि अगर वे अपने ख़ाली समय में स्टोर जाकर उस प्रॉडक्ट या सेवा की ख़रीदारी करना चाहें, तो उसमें ज़्यादा समय लग जाएगा, क्योंकि उनके पास ख़ाली समय दिनों-दिन कम होता जा रहा है।

प्रॉडक्ट क्या करता है?

अंतिम प्रश्न है : "प्रॉडक्ट का इस्तेमाल या ख़रीदारी किसलिए हो रही है?" ख़रीदने के बाद ग्राहक उस प्रॉडक्ट या सेवा से क्या करना चाहता है? ग्राहक प्रॉडक्ट्स या सेवाएँ नहीं ख़रीदते हैं। वे तो उस लाभ, परिवर्तन, सुधार या परिणाम को ख़रीदते हैं, जो उन्हें उस प्रॉडक्ट या सेवा से मिलने की उम्मीद होती है। आपको इस बारे में पूरी तरह स्पष्ट होना चाहिए कि आपके प्रॉडक्ट को ख़रीदने व इस्तेमाल करने पर आपके ग्राहकों को कितना ज़्यादा फ़ायदा होगा, जो किसी प्रतिस्पर्धी के प्रॉडक्ट ख़रीदने पर नहीं होगा।

एक आसान खोज

अपने कारोबारी करियर में मुझे बाज़ार शोध संबंधी सभी तरह के अनुभव हुए हैं। इसका एक अच्छा उदाहरण तब सामने आया, जब हमने जापान से सुजुकी फ़ोर-व्हील-ड्राइव वाहन आयात करने शुरू किए। हमने उत्तर कनाडा में 65 डीलरशिप खोल लीं। बिक्री के परिणाम काफ़ी भिन्न थे। कई डीलरों की बिक्री बेहतरीन थी, जबकि कई की काफ़ी कमज़ोर थी।

हमने बाज़ार शोध करने वाली एक फ़र्म की सेवाएँ लीं। इसे 'त्वरित' शोध करके यह पता लगाना था कि हमारे वाहन कौन ख़रीद रहा था और हमारी सबसे ज़्यादा बिक्री कहाँ हो रही थी।

फ़र्म ने हमारे सैकड़ों ख़रीदारों को फ़ोन किया। अंत में इसने जो निष्कर्ष दिया, उससे किसी को भी हैरानी नहीं हुई। सड़कविहीन मार्गों पर चल सकने वाले इन वाहनों को जो लोग सबसे ज़्यादा ख़रीद रहे थे, वे पहाड़ों और दूसरे इलाकों के पास रहते थे, जहाँ फ़ोर-व्हील-ड्राइव वाहन बहुत उपयोगी व सुविधाजनक थे। निष्कर्ष यह भी था कि समतल इलाकों और शहरों में रहने वाले लोग हमारे वाहनों के बहुत अच्छे संभावित ग्राहक नहीं थे, क्योंकि उनके लिए फ़ोर-व्हील-ड्राइव वाहन बहुत कम उपयोगी या सुविधाजनक थे।

इस शोध के परिणाम हमें काफ़ी तार्किक लगे। शोध से पहले हमें यह अहसास ही नहीं था कि यह जानकारी कितनी महत्त्वपूर्ण थी। शोध परिणामों की जानकारी मिलने पर हमने अपना विज्ञापन बजट, प्रचार गतिविधियाँ और डीलरों को दी जाने वाली वाहन संख्या को बदल लिया। परिणाम यह हुआ कि हमारी बिक्री आसमान छूने लगी। हमने कमज़ोर संभावित ग्राहकों को बेचने की कोशिश छोड़ दी। इसके बजाय हमने अपनी सारी कोशिशें उन लोगों पर केंद्रित कीं, जिनके सबसे जल्दी ख़रीदने की सबसे ज़्यादा संभावना थी।

5

ग्राहक केंद्रित मार्केटिंग

सफल मार्केटिंग ग्राहक को हर योजना और निर्णय के केंद्र में रखती है। कंपनी का हर व्यक्ति हर समय ग्राहक पर ही ध्यान केंद्रित करता है। कंपनी में ग्राहक सेवा का जुनून होता है। कर्मचारी अपने ग्राहकों से नियमित संवाद करते हैं और उनसे जुड़े रहते हैं। निरंतर ग्राहक संतुष्टि के लिए ग्राहक से सतत संपर्क और बाज़ार शोध अनिवार्य हैं।

जब बक रॉजर्स आईबीएम में अमेरिकी कार्यसंचालन के प्रेसिडेंट थे, तो उन्होंने इस बात पर ज़ोर दिया कि आईबीएम का हर मैनेजर या कर्मचारी ख़ुद को ग्राहक सेवा प्रतिनिधि माने। आपकी कंपनी का हर व्यक्ति ग्राहकों के बारे में हर समय जितना सोचता है, कंपनी उतनी ही सफल होगी। इसमें आपकी कंपनी के वे कर्मचारी भी शामिल हैं, जो फ़र्श साफ़ करते हैं, ट्रक चलाते हैं या फ़ोन का जवाब देते हैं।

समस्या के स्वामी बनें

इस नज़रिये का एक अच्छा उदाहरण देखें। मैं आईबीएम के लिए सेमिनार आयोजित कर रहा था, लेकिन मुझे यह पता नहीं लग पा रहा था कि अगले दिन सेमिनार कहाँ आयोजित होने वाला था। मैंने यह पता करने

के लिए सामान्य कारोबारी घंटों के बाद वेस्ट कोस्ट से ईस्ट कोस्ट तक फ़ोन किए। जब आईबीएम ऑफ़िस में एक कर्मचारी ने फ़ोन उठाया, तो मैंने उसे अपनी समस्या बताई। मेरी पूरी बात सुनकर वह बोला कि वह जल्दी से जल्दी मुझे फ़ोन करके जानकारी दे देगा।

पंद्रह मिनट के भीतर उसका फ़ोन आया। उसने सेमिनार के आयोजक से संपर्क करके उस होटल का नाम-पता मालूम कर लिया था, जहाँ मुझे क्रॉस-कंट्री उड़ान के बाद अगले दिन पहुँचना था। मैंने उसे धन्यवाद देते हुए कहा, "मैं जानता हूँ कि मैं ऑफ़िस के बाद के घंटों में आपको फ़ोन कर रहा हूँ। आप आज रात देर तक काम कर रहे होंगे।" उसने जवाब दिया, "ज़ाहिर है, मैं देर तक काम कर रहा हूँ। मैं यहाँ का चौकीदार हूँ।"

मैंने उसके मददगार स्वभाव की प्रशंसा करते हुए पूछा कि उसने जानकारी हासिल करने के लिए इतनी मेहनत क्यों की। उसने इन अद्भुत शब्दों में जवाब दिया, "आईबीएम में जो भी फ़ोन का जवाब देता है, वही समस्या का स्वामी होता है।"

अपने ग्राहक के बारे में सोचें

एकाग्रता का एक गूढ़ नियम है, "आप जिस पर भी ध्यान केंद्रित करते हैं, वही बढ़ता है।" इसका मतलब है कि आप जिसके बारे में लगातार सोचते और विचार करते हैं, वही आपके संसार में बढ़ता है।

जब आप ग्राहक संतुष्टि पर ध्यान केंद्रित करते हैं, यानी अपने ग्राहकों को हरसंभव तरीक़े से ख़ुश करने पर ध्यान केंद्रित करते हैं, तो आप इस लक्ष्य को हासिल करने के नए और बेहतर तरीक़े लगातार खोजेंगे। आपकी कंपनी का दर्शन क्या है? क्या आप अपने ग्राहकों को सबसे ज़्यादा और सर्वश्रेष्ठ संभव तरीक़े से संतुष्ट करने के लिए कटिबद्ध हैं?

जब आप अपने ग्राहकों के बारे में हर समय सोचेंगे, तभी आपके ग्राहक आपके बारे में सोचेंगे। जब आप ग्राहकों को अपने ध्यान का मूल केंद्र बना लेते हैं, तो आप उन्हें संतुष्ट करने के ज़्यादा तेज़, ज़्यादा अच्छे, ज़्यादा सस्ते व ज़्यादा आसान तरीक़े खोज लेंगे। तब ग्राहक आपसे बार-बार ख़रीदकर आपको पुरस्कार देंगे।

रेस्टोरेंट सेवा

मेरा एक प्रिय सीफूड रेस्तराँ है। यह टूलक्स नामक राष्ट्रीय चेन का हिस्सा है। जब मैं पहली बार टूलक्स रेस्तराँ में गया (इसके बाद मैं देश के कई हिस्सों में कई टूलक्स रेस्तराँओं में जा चुका हूँ), तो मैंने एक ऐसी ख़ूबी पर ग़ौर किया, जिसका अनुभव दूसरे रेस्तराँओं में कम ही होता था। सेवा बेहद शानदार और उत्कृष्ट थी। फ़ोन पर मेरा रिज़र्वेशन करने वाले से लेकर बर्तन हटाने व पानी का गिलास भरने वाले कर्मचारी तक कंपनी का हर व्यक्ति ग्राहक की लाजवाब सेवा कर रहा था।

जब मैंने यह बात टूलक्स के मैनेजर को बताई, तो वह थोड़ा मुस्कराकर बोला कि ग्राहक की सेवा कंपनी में हर व्यक्ति का केंद्र बिंदु और जुनून है। यह बात कंपनी के प्रेसिडेंट से लेकर किचन में बर्तन माँजने वाले हर कर्मचारी पर लागू होती है। रेस्तराँ के मालिक शुरुआत में ही इस निष्कर्ष पर पहुँच गए थे कि बाज़ार में दूसरे सस्ते-महँगे सीफूड रेस्तराँ रहेंगे, इसलिए वे दूसरे सीफूड रेस्तराँओं को भोजन या भाव के मामले में टक्कर नहीं दे सकते। उन्हें किसी ऐसी चीज़ के आधार पर टक्कर देनी थी, जो ग्राहकों को रेस्तराँ से भावनात्मक रूप से जोड़ दे। जवाब था गर्मजोशी से, दिल से, भावनात्मक जुड़ाव से ग्राहक की सेवा करना।

गुणवत्तापूर्ण सेवा की आपकी रणनीति

अध्याय 1 में मैंने कहा था कि आपको अपने व्यवसाय के लिए गुणवत्तापूर्ण सेवा की रणनीति बनानी चाहिए। आप अपनी ग्राहक सेवा

को अपने प्रतिस्पर्धियों की तुलना में ज़्यादा तेज़, ज़्यादा कार्यकुशल, ज़्यादा जोशपूर्ण और ज़्यादा ग्राहक केंद्रित कैसे बना सकते हैं? प्रायः यही एक रणनीति आपको अपने बाज़ार में प्रतिस्पर्धी श्रेष्ठता प्रदान कर सकती है।

अपने आदर्श बाज़ार और आदर्श ग्राहक को पहचानें। उस ग्राहक को पहचानें, जिसे आप ख़रीदने के लिए सबसे ज़्यादा आकर्षित करना चाहते हैं। इसके बाद उस आदर्श ग्राहक को लुभाने के लिए आपको अपनी पोज़ीशनिंग को बदलने की ज़रूरत हो सकती है। विचार करें कि आपके सर्वश्रेष्ठ ग्राहक किन मायनों में दूसरों से अलग हैं और आप उन ग्राहकों को कैसे लुभा सकते हैं, जिन्हें आप सबसे ज़्यादा आकर्षित करना और क़ायम रखना चाहते हैं?

6

लोग क्यों ख़रीदते हैं

लोग अपनी आवश्यकताओं को संतुष्ट करने के लिए प्रॉडक्ट्स और सेवाएँ ख़रीदते हैं। अर्थशास्त्र में कहा जाता है कि आप या मैं जो भी काम करते हैं, वह 'असंतुष्टि की अनुभूति' के कारण किया जाता है। हम किसी वजह से अपनी वर्तमान स्थिति से असंतुष्ट महसूस करते हैं। इस असंतुष्टि से राहत पाने के लिए हम अंदर से प्रेरित होकर किसी तरह का काम करते हैं। मान लें कि आप किसी पिन पर बैठ गए हैं। आपको दर्द की अनुभूति होती है, जिससे आप तुरंत कर्म करने के लिए प्रेरित हो जाते हैं, ताकि आपका दर्द दूर हो जाए और आप वह बड़ी संतुष्टि प्राप्त कर सकें, जिसमें पिन ना हो।

एबीसी मॉडल

मानव प्रेरणा का एक एबीसी सिद्धांत है। इसका अर्थ है अतीत के अनुभव, व्यवहार और परिणाम। इस संदर्भ में अक्षर A का मतलब ऐन्टिसीडन्ट, B का मतलब बिहेव्यर और C का मतलब कॉन्सक्वेन्सेज से है।

अतीत के अनुभवों से किसी प्रॉडक्ट को ख़रीदने या किसी तरह का काम करने की 15 प्रतिशत प्रेरणा मिलती है। अतीत के अनुभवों में

पिछले अनुभव, विचार, भावनाएँ और अन्य घटक शामिल होते हैं।

परिणामों से किसी प्रॉडक्ट या सेवा को ख़रीदने या काम करने की 85 प्रतिशत प्रेरणा मिलती है।

इसके बाद वे *व्यवहार* आते हैं, जिनकी बदौलत आप अतीत के अनुभवों से आवश्यक परिणामों तक पहुँचेंगे।

इस सरल मॉडल में अतीत के अनुभवों का मतलब है असंतुष्टि की भावना, जो या तो वास्तविक है या फिर विज्ञापन व प्रचार से प्रेरित है। परिणामों का मतलब है ज़्यादा संतुष्टि या ख़ुशी की अवस्था, जो आपके ग्राहक को तब मिलेगी, जब वह आपका प्रॉडक्ट या सेवा ख़रीद लेगा। व्यवहार वह काम है, जो आपके ग्राहक को अतीत के अनुभव से परिणाम तक पहुँचने के लिए करना होगा।

स्पष्टता अनिवार्य है

आप बहुत विज्ञापन दे रहे हैं और काफ़ी प्रचार कर रहे हैं, लेकिन इसके बावजूद ग्राहक आपका प्रॉडक्ट नहीं ख़रीद रहा है। ख़रीदने में निष्क्रियता, पंगुता या असफलता का एक कारण यह है कि आपके संभावित ग्राहक यह देख या समझ नहीं पाते हैं कि आपके प्रॉडक्ट को ख़रीदने के बाद उनकी स्थिति कैसे बेहतर होगी। इससे भी बड़ी बात, आपका संभावित ग्राहक यह नहीं समझ पाता है कि आपका प्रॉडक्ट ख़रीदने से उसकी वर्तमान स्थिति कैसे *इतनी बेहतर बन जाएगी* और उसे इतना ज़्यादा लाभ कैसे होगा कि आपके प्रॉडक्ट को ख़रीदने में लगने वाला ख़र्च या झंझट तर्कसंगत साबित हो।

लोग हमेशा अपनी परिस्थितियों को बेहतर बनाने के लिए प्रॉडक्ट और सेवाएँ ख़रीदते हैं, ताकि वे ज़्यादा संतुष्टि की अवस्था तक पहुँच जाएँ। लोग कोई प्रॉडक्ट या सेवा तब तक नहीं ख़रीदेंगे, जब तक उन्हें यह महसूस नहीं होगा कि ख़र्च और झंझट के मुक़ाबले इससे उनकी

स्थिति में बहुत ज़्यादा सुधार होगा। आपका संभावित ग्राहक कितना फ़ायदे में रहेगा, इस मुद्‍दे पर मार्केटिंग के प्रयास केंद्रित करें। यही विज्ञापन और प्रचार में सफलता की कुंजी है।

समस्या सुलझाना

लोग अपनी समस्याओं के *समाधान* ख़रीदते हैं। इसलिए हमेशा 'समस्या सुलझाने' के संदर्भ में सोचें। आपके संभावित ग्राहक की ऐसी कौन सी समस्या है, जिसे आपका प्रॉडक्ट सुलझा देगा?

लोग अपनी *आवश्यकताओं* की संतुष्टि ख़रीदते हैं। आपका प्रॉडक्ट आपके संभावित ग्राहक की कौन सी 'आवश्यकता संतुष्ट' कर सकता है?

लोग अपने *लक्ष्य* हासिल करने के लिए ख़रीदते हैं। आपके प्रॉडक्ट की बदौलत आपका संभावित ग्राहक कौन सा लक्ष्य हासिल कर सकता है, जो ग्राहक के लिए इतना महत्त्वपूर्ण है कि वह इसे हासिल करने के लिए पैसे व समय ख़र्च करे तथा झंझट उठाए?

लोग इसलिए ख़रीदते हैं, क्योंकि उन्हें कोई *कष्ट* होता है, जिसे आपका प्रॉडक्ट या सेवा दूर कर देगा। आपका प्रॉडक्ट आपके ग्राहक के किस कष्ट को दूर करता है?

वे कैसा महसूस करेंगे?

थियोडोर लेविट के हार्वर्ड शोध में एक बहुत महत्त्वपूर्ण खोज सामने आई। खोज यह है कि लोग उस *भावना* को ख़रीदते हैं, जो उन्हें आपके प्रॉडक्ट को ख़रीदने व इस्तेमाल करने के फलस्वरूप मिलने की उम्मीद होती है। आपके प्रॉडक्ट को ख़रीदने के बाद ग्राहक किस सुखद भावना का आनंद लेंगे? प्रॉडक्ट अपने आप में महत्त्वपूर्ण नहीं होता, महत्त्वपूर्ण तो हमेशा वह भावना होती है, जिसे आपका प्रॉडक्ट प्रेरित या उद्‍दीप्त करता है।

लोग *मानसिक या भावनात्मक* संतुष्टि के लिए ख़रीदते हैं। वे किसी दूसरे कारण से जितना ख़रीदते हैं, उससे बहुत ज़्यादा भावनात्मक कारणों से ख़रीदते हैं। वह सबसे महत्त्वपूर्ण भावना कौन सी है, जिसका आनंद आपके प्रॉडक्ट ख़रीदने और इस्तेमाल करने के फलस्वरूप लोगों को मिलेगा?

इसीलिए गुणवत्ता, सेवा और ख़ासतौर पर संबंध इतने महत्त्वपूर्ण होते हैं। वे ग्राहक के मन में किसी प्रॉडक्ट संबंधी भावनात्मक घटक उत्पन्न कर देते हैं। वे सुरक्षा, सुविधा, रुतबे, प्रतिष्ठा, स्नेह और व्यक्तिगत जुड़ाव की भावनाएँ उत्पन्न करते हैं। आपका ग्राहक जब आपका प्रॉडक्ट ख़रीदने के बारे में सोचता है, तो सटीकता से वह कैसा महसूस करने की उम्मीद करता है? आप अपने आदर्श ग्राहकों में यह भावना उत्पन्न करने के लिए अपने मार्केटिंग प्रयासों को किस तरह केंद्रित कर सकते हैं?

समय या पैसे बचाना या हासिल करना

व्यवसाय में लोग प्रॉडक्ट और सेवाएँ तभी ख़रीदते हैं, जब उनसे समय या धन बच सकता हो या हासिल हो सकता हो। कारोबारी परिणामों के संदर्भ में समय और पैसे को लगभग पर्यायवाची माना जाता है। जब आप समय या पैसा बचाने या समय या पैसा हासिल करने के उपाय बताने वाले आग्रह करते हैं, तो इससे हर कंपनी या व्यवसाय के लोगों के मन में प्रबल भावनात्मक प्रेरणा जाग जाती है, क्योंकि उनके व्यक्तिगत व वित्तीय परिणामों पर ही उनकी सफलता और सुरक्षा निर्भर होती है।

लाभ की इच्छा और हानि का डर

दो बुनियादी प्रेरणाएँ हैं, जिनकी वजह से सारे काम किए जाते हैं : लाभ की इच्छा और हानि का डर। आपका प्रॉडक्ट इन आवश्यकताओं की कसौटी पर कितना श्रेष्ठ है? आपका प्रॉडक्ट ग्राहक को मनचाही चीज़

दिलाने में कैसे मदद करता है या किसी ऐसी चीज़ को गँवाने से कैसे बचाता है, जिसे वह मूल्यवान मानता है?

ग्राहक की आवश्यकता जितनी ज़्यादा बुनियादी होती है, परिणाम पाने वाला आग्रह उतना ही ज़्यादा सरल और सीधा होना चाहिए। जान बचाने और सुरक्षा की ज़रूरतें सबसे शक्तिशाली प्रेरणाएँ होती हैं। लोग ज़िंदा बचना और सुरक्षित रहना चाहते हैं, इसलिए वे जोखिम से बचने के लिए आवश्यक हरसंभव क़दम उठाने के लिए प्रबलता से प्रेरित होते हैं। यदि आप स्मोक अलार्म वाले होम सिक्युरिटी सिस्टम जैसी किसी सुरक्षा की आवश्यकता को पूरा कर रहे हैं, तो आपका आग्रह बहुत बुनियादी हो सकता है, जैसे यह, "अपने परिवार को रात में ना मरने दें। आवश्यक सुरक्षा प्रदान करें।" यह संदेश सीधे मुद्दे की तह तक पहुँचता है और ग्राहक के मन में ख़रीदने की इच्छा जगा देता है।

आप जो बेच रहे हैं, अगर वह जटिल या अप्रत्यक्ष आवश्यकता को पूरा करता है, जैसे परफ्यूम या आभूषण, तो आपकी मार्केटिंग नीति ज़्यादा सूक्ष्म होती है। शायद परफ्यूम का सबसे मशहूर विज्ञापन कैथरीन डेन्यूव का बिलबोर्ड पर लगने वाला और पत्रिकाओं में दिया पूरे पृष्ठ का विज्ञापन था, जहाँ वे चैनल नं. 5 की बॉटल के पास खड़ी होकर कह रही हैं, "आप इतनी मूल्यवान हैं।"

कुछ अलग सोचें

जब स्टीव जॉब्स 1996 में दोबारा ऐपल लौटे, तो कंपनी लगभग दिवालिया हो चुकी थी। वे जानते थे कि वे वही प्रॉडक्ट बेचकर कंपनी की तरक्क़ी नहीं करा सकते थे, जो वे बीस से ज़्यादा सालों से बेच रहे थे। उन्हें एक क्रांतिकारी प्रॉडक्ट चाहिए था, जिससे बिलकुल नए बाज़ार के द्वार खुल जाएँ। स्टीव जॉब्स अंततः उस पर पहुँचे, जो आईपॉड के नाम से मशहूर हुआ।

आईपॉड के उत्पादन के लिए बिलकुल नई प्रौद्योगिकी चाहिए थी। पुरानी प्रौद्योगिकी में बहुत प्रगति करनी थी। इसके अलावा, पॉकेट डिवाइस पर बजाने के लिए गाने बेचने और पहुँचाने के बाज़ार को भी नए सिरे से तैयार करने की ज़रूरत थी।

जब प्रॉडक्ट तैयार हो गया, ज़्यादातर बड़ी रिकॉर्ड कंपनियों के साथ अकेले गाने को ख़रीदने के अनुबंधों पर सौदेबाज़ी हो गई, आईट्यून्स ऑनलाइन स्टोर बन गया और बाज़ार में पहुँचने की पूरी तैयारी हो गई, तब भी ऐपल को विज्ञापन के लिए एक सरल प्रचार-वाक्य नहीं मिल पा रहा था, जिससे उन लोगों को आईपॉड के लाभ तुरंत समझ में आ जाएँ, जिन्होंने ऐसा प्रॉडक्ट पहले कभी ना देखा था, ना ही इस्तेमाल किया था। आख़िरकार इसने एक क्रांतिकारी प्रचार-वाक्य खोज लिया, 'आपकी जेब में 1,000 गाने'। बाक़ी इतिहास है। ऐपल ने 50 प्रतिशत मुनाफ़े पर 50 मिलियन आईपॉड बेच डाले। इस प्रॉडक्ट से एक बार फिर ऐपल का उत्थान शुरू हुआ और यह संसार की सबसे मूल्यवान कंपनी बन गई।

'आपकी जेब में 1,000 गाने' जैसा कौन सा प्रचार-वाक्य है, जिसे आप अपने सबसे महत्त्वपूर्ण प्रॉडक्ट या सेवा के लिए तैयार कर सकते हैं? आप अपने ग्राहकों को जिस तरह आकर्षित करते हैं या उनसे जिस तरह आग्रह करते हैं, उसमें एक भी परिवर्तन आपके मार्केटिंग और बिक्री परिणामों का रातों-रात कायाकल्प कर सकता है।

7

प्रतिस्पर्धी विश्लेषण

सैन्य रणनीति में सारे निर्णय यह सोचने-समझने के बाद लिए जाते हैं कि आपका शत्रु क्या कर रहा है और उसके क्या करने की संभावना है। कई बार इसे 'प्रतिस्पर्धी प्रतिक्रिया' कहा जाता है। यह किसी भी प्रतिस्पर्धी बाज़ार में निर्णय लेते वक़्त बेहद महत्त्वपूर्ण घटक होता है।

प्रतिस्पर्धी विश्लेषण आपकी सबसे महत्त्वपूर्ण गतिविधियों में से एक है। यह आपके प्रॉडक्ट या सेवा को बाक़ी प्रतिस्पर्धियों से अलग करने का शुरुआती बिंदु है। इसके लिए अपने प्रतिस्पर्धी और उसके प्रॉडक्ट या उसकी सेवा के अनुभूत लाभों अथवा विशेषताओं को अच्छी तरह समझने की ज़रूरत होती है।

अपने प्रतिस्पर्धियों को पहचानें

आपके प्रतिस्पर्धी कौन हैं? आपके प्रतिस्पर्धी ही यह तय करते हैं कि आप कितना बेचेंगे, आप इसे कहाँ बेचेंगे, आपके प्रॉडक्ट्स और सेवाओं का आकार, गुणवत्ता और मिश्रण क्या होगा, और आपकी कंपनी को कितना मुनाफ़ा होगा। उन्हीं से यह तय होगा कि आप सफल होंगे या असफल, आप बिक्री पर कितना ज़्यादा मुनाफ़ा कमाएँगे और आपको

अपने निवेशों पर कितना प्रतिफल मिलेगा।

अपनी प्रतिस्पर्धा को जानना अत्यंत महत्त्वपूर्ण है। एक बार फिर सैन्य उदाहरण देखें : आप कोई युद्ध नहीं जीत सकते, जब तक कि आप अपने शत्रु के बारे में सावधानी से ना सोचें, उसके बारे में जानकारी हासिल ना करें और फिर खुले मैदान या खुले बाज़ार में अपने शत्रु को हराने के लिए उस जानकारी का इस्तेमाल ना करें।

आपको ख़ुद से काफ़ी ईमानदारी से यह भी पूछना चाहिए कि लोग आपके प्रतिस्पर्धियों से क्यों ख़रीदते हैं। उन्हें आपके बजाय आपके प्रतिस्पर्धियों से ख़रीदने में कौन से लाभ नज़र आते हैं? आपके प्रतिस्पर्धियों में कौन सी शक्तियाँ हैं और आप इन शक्तियों को टक्कर देने के लिए क्या कर सकते हैं?

वे क्यों बदलें?

जो ग्राहक इस समय आपके प्रतिस्पर्धी के प्रॉडक्ट्स का इस्तेमाल कर रहे हैं, उनके संबंध में एक और प्रश्न यह है : "वे प्रतिस्पर्धी के बजाय आपसे क्यों ख़रीदें?" जिस सप्लायर से ग्राहक संतुष्ट है, उसे छोड़कर ग्राहक को आपका प्रॉडक्ट क्यों ख़रीदना चाहिए? आपको इस प्रश्न का जवाब पच्चीस या इससे कम शब्दों में देने में सक्षम होना चाहिए। अगर आप इस सवाल का जवाब जल्दी और विश्वसनीय तरीक़े से नहीं दे सकते, तो शायद आप जानते ही नहीं हैं कि जवाब क्या है।

आमतौर पर माना जाता है कि जो ग्राहक आपके किसी प्रतिस्पर्धी से सामान ख़रीदकर संतुष्ट है, उसे तोड़कर उससे अपना सामान ख़रीदवाने के लिए कम से कम तीन कारणों की ज़रूरत होती है। आपके प्रॉडक्ट या सेवा के संदर्भ में वे तीन कारण कौन से हैं? वे क्या हो सकते हैं? आप उन्हें इस तरह कैसे पेश कर सकते हैं, ताकि वे आपके आदर्श संभावित ग्राहकों को आपसे ख़रीदने के लिए प्रेरित कर दें?

प्रतिस्पर्धी विश्लेषण का एक बहुत अच्छा तरीक़ा होता है। जो ग्राहक आपके बजाय आपके प्रतिस्पर्धियों से ख़रीदते हैं, उनसे यह पूछें कि उन्हें आपके प्रतिस्पर्धी के प्रॉडक्ट्स क्यों पसंद हैं? कई बार वे आपको ऐसी जानकारी दे देंगे, जिससे आप अपने प्रॉडक्ट या सेवा को इतना बेहतर बना सकेंगे, ताकि आप प्रतिस्पर्धी के अनुभूत लाभों को टक्कर दे सकें।

आपकी प्रतिस्पर्धा क्या है?

आपकी प्रतिस्पर्धा क्या है? यह प्रश्न 'आपका प्रतिस्पर्धी कौन है?', इससे अलग है। अक्सर आपकी प्रतिस्पर्धा किसी दूसरी कंपनी से नहीं होती है, जो वैसा ही प्रॉडक्ट या सेवा बेचकर आपसे प्रतिस्पर्धा कर रही हो। इसके बजाय यह बाज़ार की अज्ञानता हो सकती है। लोग आपके प्रॉडक्ट या सेवा के बारे में जानते ही नहीं हैं। वे यह भी नहीं जानते हैं कि आपके प्रॉडक्ट के इस्तेमाल से उन्हें कितना फ़ायदा होगा। यह भी हो सकता है कि आपको अपने प्रतिस्पर्धियों के खिलाफ़ मार्केटिंग और विज्ञापन करने की ज़रूरत ना हो, बल्कि जनसंपर्क, विज्ञापन तथा प्रचार के जरिये बाज़ार की जागरूकता बढ़ाने की ज़रूरत हो।

जब मैं एक वक्ता और प्रशिक्षक के रूप में कार्निवल क्रूज़ लाइन्स के लिए काम करता था, तो मैंने कंपनी के एक्ज़ीक्यूटिव्ज़ से पूछा, "आपका प्रतिस्पर्धी कौन है?" उन्होंने इस प्रश्न का बहुत स्पष्ट जवाब दिया। उनकी प्रतिस्पर्धा दूसरी क्रूज़ लाइन्स से नहीं थी। उनकी प्रतिस्पर्धा तो समुद्री सैर के बजाय भूमि पर छुट्टियाँ मनाने की लोगों की आदत से थी। उनका मानना था कि सारी क्रूज़ लाइन्स के आँकड़े मिलाने के बाद भी समुद्री सैर करने वाले यात्रियों के सिर्फ़ 5 प्रतिशत संभावित बाज़ार का ही दोहन हुआ था। अधिकतर लोग यह मानते थे कि ज़मीन पर छुट्टियाँ मनाना बेहतर था। उनकी असली प्रतिस्पर्धा ज़मीन पर छुट्टियाँ मनाने और समुद्र पर छुट्टियाँ मनाने के आपसी अंतर की अनुभूति थी।

अपने सेमिनार में मैं सेल्स से जुड़े श्रोताओं से कहता हूँ कि उनसे जो ग्राहक ख़रीद सकते हैं, उनमें से 80 प्रतिशत को तो यह पता ही नहीं है कि उनकी कंपनी या प्रॉडक्ट बाज़ार में मौजूद है। आपकी कंपनी विज्ञापन देती है, प्रचार करती है और बिक्री संबंधी तमाम गतिविधियाँ करती है, लेकिन इसके बावजूद जो ग्राहक आपके प्रॉडक्ट या सेवा ख़रीद सकते हैं, उनमें से पूरे 80 प्रतिशत को आपके अस्तित्व की जानकारी ही नहीं है।

अपनी मान्यताओं को चुनौती दें

अपनी प्रतिस्पर्धा के बारे में आपकी अति महत्त्वपूर्ण मान्यताएँ क्या हैं? ग़लत मान्यताएँ मार्केटिंग की ज़्यादातर असफलताओं की जड़ में होती हैं। क्या अपनी प्रतिस्पर्धा के बारे में आपकी मान्यताएँ ग़लत हो सकती हैं? अगर वे ग़लत हुईं, तो आपको क्या भिन्न करना चाहिए?

आज हम ऐपल आईफ़ोन और सैमसंग गैलेक्सी के युग में रह रहे हैं। जब ये फ़ोन बाज़ार में आए, उससे पहले 2006 में सेल फ़ोन बाज़ार में नोकिया की हिस्सेदारी 49 प्रतिशत थी और ब्लैकबेरी की 29 प्रतिशत थी।

जब 2006 में पहले आईफ़ोन की घोषणा हुई और यह 2007 में बाज़ार में लाया गया, उसके बाद नोकिया और ब्लैकबेरी दोनों ने एक ही घातक ग़लती की। उन्होंने कहा, "आईफ़ोन तो बस एक खिलौना है, कोई भी ऐसा फ़ोन नहीं चाहता, जिससे वह अपने सभी मित्रों से संवाद कर सके और जुड़ सके, साथ ही ई-मेल, मैसेजिंग और एप्लीकेशन्स का इस्तेमाल करने दे। यह बस एक अल्पकालीन फ़ैशन है, जिसके बारे में हमें सोचने की भी ज़रूरत नहीं है।"

आज दोनों ही कंपनियाँ ख़त्म हो चुकी हैं। चूँकि मोबाइल फ़ोन बाज़ार पर आईफ़ोन के प्रभाव को लेकर उनकी मान्यताएँ ग़लत थीं, इसलिए उन्होंने संसार के दो सबसे बड़े और सबसे लाभदायक ब्रांडों को पाँच साल में कूड़ेदान में पहुँचा दिया।

अपनी प्रतिस्पर्धा के बारे में आपकी क्या मान्यताएँ हैं, जिसमें यह शामिल है कि वे इस समय क्या कर रहे हैं और भविष्य में क्या कर सकते हैं?

हम प्रतिस्पर्धियों के संदर्भ में अक्सर सबसे बड़ी ग़लती यह करते हैं कि हम उनका पर्याप्त सम्मान नहीं करते हैं। हम उनकी बुद्धिमत्ता और लगन को कम आँक लेते हैं। हम बाज़ार की हिस्सेदारी व मुनाफ़े की खोज में हमें समुद्र में डुबाने की उनकी इच्छा को भी कम आँक लेते हैं। हमेशा यह मानकर चलें कि आपका प्रतिस्पर्धी चतुर, सक्षम, परवाह करने वाला, नवाचारी है और ग्राहक जीतने के संदर्भ में उन्हीं चीज़ों के बारे में सोच रहा है, जिनके बारे में आप सोच रहे हैं। उनका कम आकलन ना करें।

ख़ुद से पूछें, "वे क्या सही कर रहे हैं?" एक बार जब आप जान जाते हैं कि वे क्या सही कर रहे हैं, जिसकी बदौलत वे बिक्री और बाज़ार की हिस्सेदारी को आकर्षित कर रहे हैं, तो ख़ुद से पूछें कि आप अपने संभावित ग्राहक की नज़रों में उनसे बेहतर बनने के लिए अपने प्रतिस्पर्धियों का सृजनात्मक अनुकरण कैसे कर सकते हैं।

आपका ग़ैर-प्रतिस्पर्धी कौन है?

प्रतिस्पर्धी विश्लेषण का अंतिम बिंदु अपने ग़ैर-प्रतिस्पर्धियों की जाँच करना है। कौन है, जो आपके ग्राहकों को प्रॉडक्ट्स और सेवाएँ बेच रहा है, लेकिन आपसे प्रतिस्पर्धा नहीं कर रहा है? अपने ग़ैर-प्रतिस्पर्धियों पर नज़र डालने से कई बार आपके दिमाग़ की बत्ती जल जाती है और आपको ऐसे बाज़ार के अवसर दिख जाते हैं, जो आज मौजूद नहीं हैं।

ग़ैर-प्रतिस्पर्धियों के साथ रणनीतिक गठबंधन और संयुक्त उपक्रम करना आज एक शक्तिशाली मार्केटिंग तकनीक है। एक ग़ैर-प्रतिस्पर्धी सफल सप्लायर खोजें, जो उसी तरह के लोगों को प्रॉडक्ट्स और सेवाएँ बेच रहा हो, जिन्हें आपके प्रॉडक्ट्स और सेवाएँ ख़रीदना चाहिए। इस सप्लायर से संपर्क करें और उसके सामने एक प्रस्ताव रखें। उन्हें बताएँ

कि अगर वे उनके ग्राहकों को आपका सामान बेचते हैं, तो आप भी उनका सामान अपने ग्राहकों को बेचेंगे।

डेल ने ज़्यादातर समय अपने कंप्यूटर प्रॉडक्ट्स ऑनलाइन और टेलीफ़ोन के माध्यम से बेचे थे, फिर एक दिन उसने वॉलमार्ट से रणनीतिक गठबंधन कर लिया। बिक्री तुरंत अरबों डॉलर बढ़ गई, जिस वजह से डेल संसार में अस्थायी रूप से सबसे बड़ा पर्सनल कंप्यूटर निर्माता बन गया। आप अपने प्रॉडक्ट्स और सेवाओं के मामले में किस तरह का रणनीतिक गठबंधन कर सकते हैं, जो दोनों ही पक्षों के लिए हितकारी हो?

महान सैन्य रणनीतिकार सन जु ने यह मशहूर बात कही थी, “जो ख़ुद को जानता है, वह कुछ युद्ध जीतेगा। जो शत्रु को जानता है, वह और ज़्यादा युद्ध जीतेगा, लेकिन जो ख़ुद और शत्रु को दोनों को जानता है, वह 100 युद्धों में जीतेगा।”

जब आप अपने प्रॉडक्ट्स और सेवाओं की शक्तियों व कमज़ोरियों को जान जाते हैं और आप अपने प्रतिस्पर्धियों की शक्तियों, कमज़ोरियों और संभावित कार्यों व व्यवहार को भी जान जाते हैं, तो आप 100 बाज़ार युद्धों में जीतेंगे।

8

प्रतिस्पर्धी लाभ हासिल करना

जैसा हमने पहले कहा था, मार्केटिंग का उद्देश्य आपके ग्राहकों के दिमाग़ में 'अनूठे अतिरिक्त मूल्य' की अनुभूति बनाना है। ज़िंदा रहने और विकास करने के लिए हर प्रॉडक्ट और सेवा में कोई स्पष्ट प्रतिस्पर्धी लाभ होना चाहिए, जो इसे बाज़ार में इसके प्रतिस्पर्धियों की तुलना में श्रेष्ठ दिखाए।

प्रतिस्पर्धी लाभ बिक्री के क्षेत्र में सफलता और ऊँचे मुनाफ़े की कुंजी है। यह बिलकुल अनिवार्य है कि आप किसी ख़ास क्षेत्र में उत्कृष्ट बन जाएँ, जिसे ग्राहक महत्त्व देते हैं। आपको अपने ग्राहकों से यह कहने में सक्षम होना चाहिए, "हम इस बहुत महत्त्वपूर्ण क्षेत्र में आपको सर्वश्रेष्ठ चीज़ देते हैं।"

आपकी कंपनी के हर व्यक्ति को सटीकता से पता होना चाहिए कि आपकी कंपनी और प्रॉडक्ट या सेवा कहाँ, क्यों और कैसे बाज़ार के हर अन्य प्रतिस्पर्धी से श्रेष्ठ है। अगर आप अपने प्रतिस्पर्धियों से कहीं ना कहीं और किसी ना किसी तरह स्पष्ट रूप से श्रेष्ठ नहीं हैं, तो आप बस बचे रहने की उम्मीद ही कर सकते हैं।

एक बार फिर 80/20 का नियम

80/20 का नियम याद है? हर उद्योग में बीस प्रतिशत कंपनियाँ 80 प्रतिशत मुनाफ़ा कमाती हैं। इसका मतलब है कि उद्योग की 80 प्रतिशत कंपनियाँ केवल 20 प्रतिशत मुनाफ़ा ही कमाती हैं। आपका लक्ष्य और आपके ध्यान का मुख्य केंद्र शीर्ष 20 प्रतिशत में पहुँचना है। इसके बाद आपका लक्ष्य आगे आने वाले महीनों और वर्षों में ज़्यादा से ज़्यादा तेज़ी से ऊपर बढ़ना है।

सारी मार्केटिंग और बिक्री रणनीति *विशिष्टीकरण* पर निर्भर होती है। इसमें आप अपने ग्राहकों को सटीकता से यह दिखाते हैं कि आपके प्रॉडक्ट्स बाज़ार में मौजूद किसी भी अन्य प्रतिस्पर्धी प्रॉडक्ट्स से किस तरह अलग और बेहतर हैं। आपका प्रतिस्पर्धी लाभ क्या है? आप ऐसा क्या करते हैं या क्या पेश करते हैं, जो आपके प्रॉडक्ट्स को आपके प्रतिस्पर्धियों से श्रेष्ठ बनाता है? आपकी उत्कृष्टता का क्षेत्र क्या है? जनरल इलेक्ट्रिक के जैक वेल्च ने यह मशहूर पंक्ति कही थी, "अगर आपके पास प्रतिस्पर्धी लाभ नहीं है, तो प्रतिस्पर्धा ना करें।" एक बार फिर, इस क्षेत्र में स्पष्टता सबसे ज़्यादा महत्त्वपूर्ण शब्द है। आज आपका प्रतिस्पर्धी लाभ क्या है? भविष्य में आपका प्रतिस्पर्धी लाभ क्या *होगा*? आपका प्रतिस्पर्धी लाभ क्या होना *चाहिए*, अगर आप अपने प्रतिस्पर्धियों से अलग हटकर दिखना चाहते हैं? आपका प्रतिस्पर्धी लाभ क्या *हो सकता* है, अगर आप बिक्री और मुनाफ़े में अपने उद्योग के सिरमौर बनना चाहते हैं? और सबसे महत्त्वपूर्ण, आपको प्रतिस्पर्धी लाभ विकसित करने और क़ायम रखने के लिए तुरंत कौन से परिवर्तन करने होंगे, जिनसे आप बाज़ार में वर्चस्व जमा सकें?

ब्लैक बेल्ट स्तर

कई साल तक मैंने कराटे में ब्लैक बेल्ट स्तर तक प्रशिक्षण लिया। कई कराटे स्कूलों का मुआयना करने के बाद मैंने आख़िरकार शोटोकन कराटे

को चुना। मेरी राय में यह संसार के दस बड़े कराटे स्कूलों में सर्वश्रेष्ठ कराटे स्कूल था।

फिर मुझे एक रोचक चीज़ पता चली। हर दूसरे कराटे स्कूल के विद्यार्थियों को पूरा विश्वास था कि उनका कराटे स्कूल बाक़ी सभी कराटे स्कूलों से श्रेष्ठ था। यह नज़रिया ग्राहकों पर भी लागू होता है। मुझे बाद में पता चला कि हर ग्राहक भी बिलकुल यही मानसिकता रखता है। ग्राहक हमेशा वही ख़रीदते हैं, जिसे वे उस समय बाज़ार में अपने लिए सर्वश्रेष्ठ विकल्प मानते हैं।

जब ग्राहक किसी प्रॉडक्ट या सेवा को ख़रीदते हैं, तो उस पल उन्हें यह विश्वास होता है कि यह प्रॉडक्ट या सेवा किसी अन्य प्रतिस्पर्धी पेशकश से श्रेष्ठ है, इसलिए यह उनके लिए सर्वश्रेष्ठ चयन है। यह निष्कर्ष वास्तविकता पर आधारित हो सकता है या फिर यह विज्ञापन और प्रचार से उत्पन्न अनुभूतियों पर आधारित हो सकता है। यह भाव के सोच-विचार का परिणाम हो सकता है, जो वॉलमार्ट के ग्राहकों के लिए महत्त्वपूर्ण है और यह बाक़ी घटकों पर भी आधारित हो सकता है। आधार चाहे जो हो, ग्राहक सिर्फ़ तभी ख़रीदते हैं, जब उन्हें यह विश्वास होता है कि उस प्रॉडक्ट को ख़रीदना वह सर्वश्रेष्ठ निर्णय है, जो वे उस समय ले सकते हैं।

अनूठापन और विशिष्टीकरण

इससे हम एक बार फिर अनूठेपन और विशिष्टीकरण की अवधारणाओं पर आ जाते हैं। आप अपने प्रॉडक्ट को अपने प्रतिस्पर्धियों के प्रॉडक्ट्स से अलग हटकर कैसे दिखा सकते हैं, ताकि आपके ग्राहक यह कहें, "मेरे लिए यह इस समय किसी दूसरे प्रॉडक्ट की तुलना में ज़्यादा अच्छा प्रॉडक्ट है?"

आप अपने प्रतिस्पर्धी लाभ - आपके प्रॉडक्ट्स ख़रीदने के कारणों - को कैसे परिभाषित करते हैं? आप इन्हें उन लाभों या

परिणामों के संदर्भ में परिभाषित करते हैं, जिनका आनंद आपके ग्राहक आपका प्रॉडक्ट या सेवा ख़रीदने के बाद लेंगे। साथ ही आपको यह भी स्पष्ट करना होता है कि आपके बजाय आपके प्रतिस्पर्धी के प्रॉडक्ट से उन्हें इतना आनंद नहीं मिल पाएगा।

अपने अनूठेपन के क्षेत्र को खोजना तथा इसका विकास और प्रचार करना बाज़ार में नेतृत्व और श्रेष्ठ मुनाफ़े को हासिल करने के लिए अत्यंत महत्त्वपूर्ण है। इसे कई बार आपका 'अनूठा बिक्री प्रस्ताव' कहा जाता है। यह एक ऐसी चीज़ है, जिसे आपका ग्राहक मूल्यवान समझता है, जिसे कोई दूसरा प्रतिस्पर्धी नहीं दे सकता और जो आपके प्रॉडक्ट को किसी अन्य उपलब्ध चीज़ से ज़्यादा आकर्षक विकल्प बनाती है।

आपका अनूठा बिक्री प्रस्ताव

आपकी सारी प्रचार सामग्री में आपका अनूठा बिक्री प्रस्ताव स्पष्ट होना चाहिए। यह आपके विज्ञापन और मार्केटिंग प्रयासों का हृदय या बुनियाद बन जाता है। यह वह सबसे महत्त्वपूर्ण संदेश है, जिसे आप हरसंभव तरीक़े से अपने संभावित ग्राहक तक पहुँचाने की कोशिश करते हैं।

मार्केटिंग में सफलता तब मिलती है, जब आप कोई स्थायी प्रतिस्पर्धी लाभ हासिल करने और क़ायम रखने के बारे में लगातार सोचते रहते हैं। यह हर सफल व्यवसाय में एकाग्रता का अति महत्त्वपूर्ण बिंदु है। जो कंपनियाँ स्पष्ट प्रतिस्पर्धी लाभ हासिल करती हैं और अपने प्रॉडक्ट्स को प्रतिस्पर्धियों से विशिष्ट बनाती हैं, वे सभी अंततः शीर्ष 20 प्रतिशत वाले समूह में पहुँच जाती हैं।

दुर्भाग्य से, अगर आपके पास प्रतिस्पर्धी लाभ नहीं है, अगर आपका प्रॉडक्ट या सेवा 'मैं भी' क़िस्म की है, तो आप सिर्फ़ भाव घटाकर बेच सकते हैं। जल्द ही आप बाक़ी 80 प्रतिशत कंपनियों के समूह में पहुँच जाएँगे, जो भाव घटाकर तलहटी की तरफ़ दौड़ लगा रही हैं। अंततः प्रत्येक को बहुत कम मुनाफ़ा होता है या बिलकुल भी नहीं होता। इनमें

से ज़्यादातर कंपनियाँ अंततः कारोबार से बाहर हो जाएँगी, क्योंकि वे अपना अस्तित्व क़ायम नहीं रख सकतीं।

इसे अपने साथ ना होने दें। आपके और आपकी कंपनी के लिए सर्वश्रेष्ठ रणनीति यह है कि आप अपने प्रॉडक्ट की गुणवत्ता को बेहतर बनाने पर ध्यान केंद्रित करें, ताकि सभी लोग यह पहचान लें कि आपका प्रॉडक्ट बाक़ी सभी प्रॉडक्ट्स से श्रेष्ठ है। एक बार जब ग्राहकों के मन में यह अनुभूति बैठ जाएगी, तो आप ज़्यादा बेचेंगे और ज़्यादा ऊँचे भाव पर बेचेंगे। तब आपको ग्राहक अधिग्रहण की लागत कम आएगी और आप इतने ज़्यादा रिपीट सेल्स और रैफ़रल्स हासिल करेंगे, जितने किसी दूसरी रणनीति से नहीं मिलेंगे।

9

मार्केटिंग मिश्रण

मार्केटिंग मिक्स यानी मार्केटिंग मिश्रण किसी ख़ास डिश की जटिल विधि जैसा है, जिसे आप किचन में तैयार करते हैं। हर सामग्री अनिवार्य है। हर सामग्री को डिश में सही तरीक़े से, सही मात्रा में और बिलकुल सही समय पर मिलाना होगा, तभी डिश स्वादिष्ट बनेगी।

मार्केटिंग मिश्रण के सात तत्व हैं। इनमें से किसी भी तत्व में परिवर्तन करने से आपके व्यवसाय में छोटा या बड़ा परिवर्तन हो सकता है। अक्सर मार्केटिंग मिश्रण के किसी हिस्से के एक तत्व में एक भी परिवर्तन आपके व्यवसाय का काया-कल्प कर सकता है और इसे छोटी कंपनी से बड़ी कंपनी बना सकता है या अगर आप बदक़िस्मत हैं, तो एक बड़ी कंपनी को छोटी कंपनी बना सकता है। आइए इन्हें क्रम से देखते हैं।

प्रॉडक्ट या सेवा

आपका प्रॉडक्ट या आपकी सेवा मार्केटिंग मिश्रण का पहला तत्व है। यह शुरुआती बिंदु है। आप सटीकता से क्या बेचते हैं? इस प्रश्न के जवाब का पहला हिस्सा आपका प्रॉडक्ट है। यह क्या है? यह कैसे बनता है? यह क्या करता है? यह किस उद्‌देश्य को पूरा करता है आदि?

"आपका प्रॉडक्ट क्या है?" इस प्रश्न के उत्तर का दूसरा हिस्सा यह है कि आपका प्रॉडक्ट दरअसल आपके ग्राहक के जीवन को बदलने, बेहतर बनाने या काया-कल्प करने के लिए क्या 'करता' है। यह सबसे महत्त्वपूर्ण प्रश्न है, जिसे आप मार्केटिंग में सफलता पाने के लिए पूछ सकते हैं।

आप क्या कहेंगे? आपका जवाब चाहे जो हो, यही आपके व्यवसाय का हृदय है।

भाव

भाव तय करने की रणनीति मार्केटिंग मिश्रण का दूसरा हिस्सा है। आपके प्रॉडक्ट या सेवा के उत्पादन की निश्चित लागत कितनी है, जिसमें सभी प्रत्यक्ष और अप्रत्यक्ष ख़र्च शामिल हैं? किस आधार पर आप भाव तय करते हैं या आपको करना चाहिए, ताकि आप इस व्यवसाय को तर्कसंगत साबित करने के लिए पर्याप्त मुनाफ़ा कमा लें?

आपकी भाव की रणनीति ज़्यादा और कम मुनाफ़े के बीच का फ़र्क़ हो सकती है। कई बार तो साल भर में अपने भाव को धीरे-धीरे कुछ प्रतिशत बढ़ाने से ही आपके मुनाफ़े में भारी वृद्धि हो सकती है। गुणवत्ता से समझौता ना करते हुए अगर आप लागत में लगातार छोटी-छोटी कमी करते हैं, तो इससे भी आपका मुनाफ़ा बहुत बढ़ सकता है।

आपके पास ऐसे प्रॉडक्ट्स भी हो सकते हैं, जहाँ प्रॉडक्ट बेचने पर आपको दरअसल हर बार घाटा होता है।

कई बार तो आप अपने विद्यमान प्रॉडक्ट में एक नई विशेषता जोड़कर इसके अनुभूत मूल्य और भाव को भी काफ़ी बढ़ा सकते हैं। कई बार आप ऐसी विशेषता हटा सकते हैं, जो आपके ग्राहक के लिए महत्त्वपूर्ण नहीं है, जिससे आपकी लागत कम हो जाती है और इस तरह आपका मुनाफ़ा बढ़ जाता है।

भाव तय करने की रणनीति एक ऐसी चीज़ है, जिस पर आपको हर प्रॉडक्ट के संदर्भ में आजीवन बार-बार विचार करना चाहिए। भाव में छोटे-छोटे परिवर्तन से मुनाफ़े में बड़े परिवर्तन हो सकते हैं।

प्रचार

प्रचार मार्केटिंग मिश्रण का तीसरा हिस्सा है। यह एक व्यापक शब्दावली है। इसमें हर वह चीज़ आती है, जिससे आप अपने संभावित ग्राहकों को अपने प्रॉडक्ट या सेवा संबंधी जानकारी देते हैं और उन्हें इस बात के लिए राज़ी करते हैं कि वे इसे आपके प्रतिस्पर्धियों के बजाय आपसे ख़रीदें।

प्रचार आपकी मार्केटिंग रणनीति से शुरू होता है। आपका ग्राहक कौन है? आपका ग्राहक किस चीज़ को महत्त्वपूर्ण मानता है? आपका प्रॉडक्ट वह कौन सा मुख्य लाभ देता है, जिसे दूसरा कोई प्रतिस्पर्धी नहीं दे सकता? ग्राहकों को आपसे क्यों ख़रीदना चाहिए, इसके सबसे महत्त्वपूर्ण कारण को आप कैसे स्पष्ट कर सकते हैं? इस प्रश्न का जवाब है कि आपका *अनूठा बिक्री प्रस्ताव* आपकी सारी विज्ञापन और प्रचारात्मक गतिविधियों की बुनियाद बन जाता है।

स्थान

चौथा तत्व वह जगह है, जहाँ आप अपना प्रॉडक्ट या सेवा बेचते हैं। ग्राहक जब आपका प्रॉडक्ट या सेवा ख़रीदने का निर्णय ले लेते हैं, तो वे इसे कैसे और कहाँ ख़रीद सकते हैं? क्या वे इसे सीधे आपसे यानी आपके ऑफ़िस या स्टोर से ख़रीदते हैं? क्या आप इसे डाक या ई-मेल के ज़रिये भेजते हैं? आप जहाँ अपना प्रॉडक्ट बेचते हैं, उस जगह को बदलने से बिक्री और मुनाफ़े में बहुत परिवर्तन हो सकता है।

एमेज़ॉन संसार का सबसे बड़ा ऑनलाइन रिटेलर बन गया है। इसका कारण काफ़ी हद तक इसके वेयरहाउसों की जगहें हैं, जिनकी वजह से यह अपने प्रॉडक्ट्स तीव्र गति से पहुँचा सकता है।

आप किस तरह अपने व्यवसाय की जगह या स्थान को बदल सकते हैं या अपने प्रॉडक्ट को ग्राहक तक पहुँचाने का ऐसा तरीक़ा खोज सकते हैं, जिससे यह आपके ग्राहकों के लिए ज़्यादा सुविधाजनक और आकर्षक बन जाए? इससे आपकी बिक्री और रिपीट सेल बढ़ जाएगी। यह उन बड़े प्रश्नों में से एक है, जो किसी व्यवसाय को बना या मिटा सकते हैं।

पैकेजिंग

पैकेजिंग मार्केटिंग मिश्रण का पाँचवाँ हिस्सा है। इसका मतलब काफ़ी हद तक वह दृश्यात्मक प्रभाव है, जो आपके व्यवसाय का कोई हिस्सा आपके संभावित ग्राहक पर छोड़ता है।

लोग बहुत ज़्यादा दृश्यात्मक होते हैं। आपके व्यवसाय, आपके प्रॉडक्ट या आपकी सेवा के बारे में लोगों पर जो पहली छाप छूटती है, उसका पूरा 95 प्रतिशत इस बात से तय होता है कि वे अपनी आँखों से क्या देखते हैं, फिर वे लगभग चार सेकंड में यह निर्णय लेते हैं कि क्या आपके प्रतिस्पर्धियों के प्रॉडक्ट के मुक़ाबले आपका प्रॉडक्ट अच्छा, वांछनीय, मूल्यवान, भाव के लायक़ और/या बेहतर है। अगले तीस सेकंड में वे 'पुष्टि के पूर्वाग्रह' का इस्तेमाल करते हैं। इस समय वे उस निर्णय को तर्कसंगत, तार्किक और दृढ़ बनाते हैं, जो उन्होंने दृश्यात्मक अनुभूति के पहले चार सेकंडों में लिया था।

आप आज ही से अपने व्यवसाय के किसी हिस्से की पैकेजिंग को बेहतर बनाने के लिए क्या कर सकते हैं? आप अपने प्रॉडक्ट्स, सेवाओं, कर्मचारियों या कंपनी के दृश्यात्मक प्रभाव को ज़्यादा आकर्षक बनाने के लिए क्या कर सकते हैं? आप अपने ब्रोशर्स, छपी सामग्री और वेबसाइट को कैसे बेहतर बना सकते हैं, ताकि लोग पहली ही नज़र में इसके आकर्षण से तुरंत प्रभावित हो जाएँ?

पोज़ीशनिंग

आपकी पोज़ीशनिंग मार्केटिंग मिश्रण का छठा हिस्सा है। यह आज मार्केटिंग व बिक्री के मुख्य तत्वों में से एक है और यह किसी अन्य घटक जितनी ही महत्त्वपूर्ण है। पोज़ीशनिंग का मतलब यह है कि आपके ग्राहक और ग़ैर-ग्राहक आपके बारे में कैसा सोचते हैं। इसका मतलब यह भी है कि वे आपके प्रॉडक्ट्स या सेवाओं का इस्तेमाल करने के बाद आपके बारे में कैसा बोलते हैं। जब आप वहाँ नहीं होते हैं, तब वे आपके बारे में कैसा बोलते हैं?

हार्वर्ड बिज़नेस स्कूल के थियोडोर लेविट ने कहा था, "किसी कंपनी की प्रतिष्ठा इसकी सबसे मूल्यवान संपत्ति होती है।"

आपकी प्रतिष्ठा की परिभाषा यह है, "दूसरे आपको किस तरह से जानते हैं, ख़ासतौर पर आपके ग्राहक।"

आपकी कंपनी और आपके प्रॉडक्ट्स के बारे में आपके ग्राहकों की क्या राय है? आपके प्रॉडक्ट्स और सेवाओं के बारे में आपके ग़ैर-ग्राहकों या आपके संभावित ग्राहकों की क्या राय है या वे उन्हें कैसा मानते हैं? यह अनिवार्य है कि आपको इन प्रश्नों के जवाब मालूम हों और आप इन जवाबों को बेहतर बनाने पर मेहनत करें।

लोग

मार्केटिंग मिश्रण का सातवाँ हिस्सा है लोग। देखा जाए तो लोग कंपनियों से प्रॉडक्ट नहीं ख़रीदते हैं। वे तो उन लोगों से प्रॉडक्ट ख़रीदते हैं, जो अपनी कंपनी के प्रॉडक्ट बेचते हैं। अपने सेल्स सेमिनारों में मैं बिक्री का स्वर्णिम नियम बताता हूँ : "कोई ग्राहक आपसे तब तक नहीं ख़रीदेगा, जब तक कि उसे यह विश्वास ना हो जाए कि आप उसके मित्र हैं और आप उसके सर्वश्रेष्ठ हितों में काम कर रहे हैं।"

'संबंध आधारित बिक्री' के वर्णन में हम बताते हैं कि ग्राहक आपके बारे में जैसा महसूस करता है - व्यक्तिगत और मानवीय संपर्क - उसी से काफ़ी हद तक यह तय होता है कि वह आपसे ख़रीदेगा या आपके प्रतिस्पर्धी से। हम सिर्फ़ उन्हीं लोगों से ख़रीदते हैं, जिन्हें हम पसंद करते हैं या जो हमारे जैसे होते हैं।

आप अपने ग्राहकों से संपर्क करने के लिए कैसे लोगों को चुनते हैं, यह आपकी सफलता या असफलता को तय करने वाला सबसे महत्त्वपूर्ण घटक है। आपको इन लोगों को बहुत सावधानी से चुनना चाहिए। आपकी कंपनी के भीतर और बाहर वे मुख्य लोग कौन से हैं, जो बिक्री में आपकी सफलता को तय करते हैं? वे लोग कौन हैं, जो वह आख़िरी छाप छोड़ते हैं, जिससे यह तय होता है कि आपके ग्राहक आपकी ग़ैर-मौजूदगी में आपके बारे में कैसा सोचते और महसूस करते हैं? सफल मार्केटिंग सही मार्केटिंग मिश्रण पर आधारित होती है। अगर आपका प्रॉडक्ट या सेवा उम्मीद के मुताबिक़ नहीं बिक रही है या अगर आपकी कंपनी को मनचाहा मुनाफ़ा नहीं हो रहा है, तो आमतौर पर मार्केटिंग मिश्रण के एक या अधिक घटकों में बदलाव की ज़रूरत होती है। इस मिश्रण में लगातार सुधार करना होता है और उस पर दोबारा सोच-विचार करना होता है, ताकि सर्वोच्च संभव बिक्री हो सके और यथासंभव अधिकतम उत्पादकता मिल सके। ध्यान रहे, इन सात घटकों में से एक या अधिक को बेहतर बनाने के हमेशा बहुत सारे तरीक़े होते हैं।

10

पोज़ीशनिंग की रणनीतियाँ

पोज़ीशनिंग मार्केटिंग मिश्रण और मार्केटिंग रणनीति का अति महत्त्वपूर्ण हिस्सा है। पोज़ीशनिंग की रणनीति पर एकाग्र होने का मतलब बाज़ार में अपनी कंपनी को इस तरह स्थापित करना है, ताकि लोग आपको प्रतिस्पर्धियों से भिन्न और बेहतर मानें।

आप क्या चाहेंगे कि आपके ग्राहक आपके प्रॉडक्ट, सेवा और कंपनी को किस तरह देखें? आप क्या चाहेंगे कि वे आपके और आपकी पेशकशों के बारे में कहें? आप क्या चाहेंगे कि वे दूसरे लोगों के सामने आपका किस तरह वर्णन करें? अगर कोई रैफ़रल या अनुशंसा के लिए आपके किसी ग्राहक को फ़ोन करे, तो आप अपने ग्राहक के मुँह से अपने बारे में किस तरह की बात सुनना चाहेंगे? और सबसे महत्त्वपूर्ण, आप अपने ग्राहकों के दिलोदिमाग़ में इस आदर्श अनुभूति को कैसे बैठा सकते हैं?

आपके लिए कौन से शब्द बोले जाते हैं?

आपकी पोज़ीशनिंग उन शब्दों से तय होती है, जो ग्राहक आपका व आपके प्रॉडक्ट का वर्णन करने के लिए दूसरों के सामने बोलता है। यही

शब्द बोले जाते हैं, जब भी आपकी कंपनी के नाम, प्रॉडक्ट या सेवा का ज़िक्र होता है या जब ग्राहक उनके बारे में सोचता है।

आपके ग्राहकों के मन में आपके लिए कौन से शब्द रहते हैं? ग्राहकों के मन में आपके बारे में किस तरह के शब्दों के बैठने से आपको सहायता मिलेगी? किन शब्दों की वजह से आपके ग्राहक आपसे ज़्यादा जल्दी ख़रीदेंगे और अपने मित्रों से भी आपसे ख़रीदने को कहेंगे? इन प्रश्नों के जवाब संयोग के भरोसे नहीं छोड़े जा सकते। इनके जवाब व्यवसाय में आपकी सफलता या असफलता को तय करने में बहुत महत्त्वपूर्ण भूमिका निभा सकते हैं।

मार्केटिंग की कालजयी पुस्तक

वर्षों पहले अल राइस और जैक ट्राउट ने एक पुस्तक लिखी थी, जिसका शीर्षक था *पोज़ीशनिंग : द बैटल फ़ॉर युअर माइंड*। आज यह मार्केटिंग की कालजयी पुस्तक बन चुकी है, जिसे व्यवसाय में मौजूद हर व्यक्ति को पढ़ना चाहिए, भले ही इसे पढ़ते समय वे थोड़े सिहर जाएँ। राइस और ट्राउट ने उस चीज़ को पहचाना था, जिसे ज़्यादातर लोग आधुनिक मार्केटिंग में सफलता की धड़कन मानते हैं।

अपने मुख्य लोगों के साथ बैठकर यह प्रश्न पूछें, “हमारा ज़िक्र करते वक़्त लोगों को किन शब्दों का इस्तेमाल करना चाहिए?” फिर पूछें, “आज ही से शुरू करते हुए हमें व्यवसाय करते वक़्त अपने ग्राहकों के दिमाग़ में ऐसी छवि कैसे बनानी होगी, ताकि वे इन शब्दों का इस्तेमाल करें?”

कुछ भी संयोग के भरोसे ना छोड़ें

अपने ज़माने में सैम वाल्टन संसार के सबसे अमीर आदमी थे और उनके पास 100 अरब डॉलर से ज़्यादा की संपत्ति थी। उन्होंने अपने करियर की शुरुआत युवावस्था में बेंटनविल, अरकांसस में एक डिस्काउंट क्लोदिंग स्टोर से की थी। उनकी अवधारणा सरल थी : वे ग्राहकों के मन

में अपने स्टोर के बारे में यह धारणा बनाना चाहते थे कि यह अपने ग्राहकों की परवाह करता है और वाजिब दाम पर अच्छी गुणवत्ता वाला सामान देता है। ध्यान दें, सबसे सस्ता नहीं, बल्कि वाजिब दाम पर अच्छी गुणवत्ता वाला सामान। उन्होंने इसकी इतनी अच्छी तरह पोज़ीशनिंग की कि वॉलमार्ट इतिहास की सबसे सफल रिटेलिंग कंपनी बन गई।

आप कौन सी अनुभूति उत्पन्न करना चाहते हैं? आपका ग्राहक आपको किस तरह देखे, ताकि यह आपके लिए *लाभदायक* हो? क्या आप चाहते हैं कि लोग आपका वर्णन गुणवत्ता के लीडर के रूप में करें? सेवा के लीडर के रूप में? कम भाव के लीडर के रूप में? इस संदर्भ में सोचें कि आप लोगों को अपने और अपनी कंपनी के बारे में क्या सोचने और महसूस करने के लिए प्रेरित करना चाहते हैं। आप उस अनुभूति को बनाने के लिए आज ही से क्या कर सकते हैं?

आईबीएम ने ग्राहक के मन में यह अनुभूति भरी कि यह संसार में किसी भी कंपनी से ज़्यादा अच्छी ग्राहक सेवा देती है। यह अनुभूति इतनी व्यापक हो गई कि जो लोग आईबीएम के बारे में ज़्यादा नहीं जानते थे, वे भी आपको बता देंगे कि इस कंपनी की ग्राहक सेवा उत्कृष्ट थी।

आप बाहर जो अनुभूति उत्पन्न करते हैं, वह सिर्फ़ तभी हासिल हो सकती है, जब आप अपने व्यवसाय के भीतर बुनियादी अत्यंत महत्त्वपूर्ण परिवर्तन करते हैं। दूसरे शब्दों में, झूठी अनुभूति उत्पन्न करने से लाभ नहीं होता, क्योंकि यह लंबे समय तक क़ायम नहीं रह सकती। स्थायी ग्राहक अनुभूति आपके संगठन के आंतरिक तंत्र और मूल्यों का सच्चा प्रतिबिंब होती है। यह ग्राहकों के साथ आपके व्यवहार के तरीक़े पर हर बार आधारित होती है।

आप अपने प्रॉडक्ट या सेवा को किस तरह पोज़ीशन कर सकते हैं, ताकि यह आपके प्रतिस्पर्धियों से अलग हटकर दिखे? आप लोगों से यह महसूस कैसे करा सकते हैं कि आपका प्रॉडक्ट दूसरों के मुक़ाबले अलग, बेहतर और ख़रीदने लायक़ है?

11

मार्केटिंग रणनीति के चार सिद्धांत

समूची व्यावसायिक रणनीति मार्केटिंग रणनीति ही होती है। पात्र संभावित ग्राहकों को आकर्षित करने की आपकी योग्यता ही व्यवसाय में आपकी सफलता तय करती है। आप अपने व्यवसाय के लिए अत्यंत महत्त्वपूर्ण रणनीतिक निर्णय लेने के लिए ज़िम्मेदार हैं, ख़ासतौर पर इन चार क्षेत्रों में।

विशेषज्ञता

यह प्रॉडक्ट, सेवा, ग्राहक, बाज़ार या प्रौद्योगिकी का वह क्षेत्र है, जहाँ आप अपने सभी प्रयास केंद्रित करते हैं। यह आपकी मार्केटिंग, बिक्री और व्यावसायिक गतिविधियों की 'प्रेरक शक्ति' बन जाता है।

आप किसी ख़ास प्रॉडक्ट में विशेषज्ञ बन सकते हैं और उस प्रॉडक्ट श्रेणी में किसी अनूठे अतिरिक्त मूल्य पर ध्यान केंद्रित कर सकते हैं, जो आपके प्रतिस्पर्धियों से ज़्यादा अच्छा, ज़्यादा तेज़, ज़्यादा सस्ता और श्रेष्ठ हो।

इसी तरह आप सेवा पर केंद्रित विशेषज्ञ हो सकते हैं। आप बाज़ार के किसी ख़ास समूह को ख़ास सेवा दे सकते हैं और अपनी सेवा को बाक़ी प्रतिस्पर्धियों से ज़्यादा अच्छी, सबसे सस्ती, सबसे सुविधाजनक और सबसे आकर्षक बना सकते हैं।

आप ग्राहक पर केंद्रित विशेषज्ञ बन सकते हैं, जैसा वॉलमार्ट ने किया है। वॉलमार्ट उन ग्राहकों पर ध्यान केंद्रित करता है, जो "एक वेतन से दूसरे वेतन पर जीते हैं।" सैम वाल्टन का मूल विचार अमेरिका के अधिकतर उपभोक्ताओं को वाजिब दाम पर अच्छे प्रॉडक्ट मुहैया कराना था और यही विचार नए बाज़ारों में भी क़ायम रहा, जहाँ वॉलमार्ट ने क़दम रखे।

आप किसी ख़ास बाज़ार के विशेषज्ञ बन सकते हैं। यह बाज़ार स्थानीय, राज्यव्यापी, राष्ट्रीय या अंतरराष्ट्रीय कोई भी हो सकता है, लेकिन जब आप किसी ख़ास बाज़ार क्षेत्र को चुनते हैं, तो आप उस क्षेत्र में विशेषज्ञ बनने और अपने किसी भी प्रतिस्पर्धी से ज़्यादा मूल्यवान चीज़ देने पर ध्यान केंद्रित करते हैं।

आप प्रौद्योगिकी या किसी ख़ास क्षमता के मामले में भी *विशेषज्ञ* बन सकते हैं, जो आपकी कंपनी के पास तो है, लेकिन आपके प्रतिस्पर्धियों के पास नहीं है। कई कंपनियाँ ख़ास वितरण चैनल की विशेषज्ञ होती हैं, जैसे एमवे, एवन या हर्बालाइफ़।

विशिष्टीकरण

यह मार्केटिंग की धड़कन है और व्यावसायिक सफलता या असफलता का बुनियादी कारण है। विशिष्टता के आपके क्षेत्र की बदौलत ही आप ख़ुद को बाक़ी सभी कंपनियों से अलग करते हैं, जो उन्हीं ग्राहकों को वही प्रॉडक्ट बेचने के लिए प्रतिस्पर्धा करती हैं।

यहाँ आपके लिए एक अभ्यास दिया जा रहा है : कल्पना करें कि आपके सभी प्रतिस्पर्धी अचानक बाज़ार से ग़ायब हो गए हैं और आप

अपने ख़ास प्रॉडक्ट या सेवा के एकमात्र सप्लायर के रूप में अकेले बचे हैं। इससे आपकी बिक्री और मुनाफ़े पर क्या फ़र्क़ पड़ेगा? मुझे लगता है कि इससे आपकी कंपनी पूरे संसार में नहीं, तो अपने उद्योग की सबसे सफल और मुनाफ़े वाली कंपनियों में से एक बन जाएगी।

प्रश्न यह है : आप अपने प्रॉडक्ट को इस तरह कैसे भिन्न बना सकते हैं, ताकि वर्तमान बाज़ार में ग्राहक की नज़रों में आप ही इस प्रॉडक्ट को ख़रीदने का 'एकमात्र विकल्प' हों?

खंडीकरण

आज कई मार्केटिंग विशेषज्ञ यह मानते हैं कि भविष्य की मार्केटिंग बाज़ार के सटीक खंडीकरण करने की आपकी योग्यता पर निर्भर होगी। हर साल बाज़ार शोध पर ख़र्च होने वाले अरबों डॉलर का लक्ष्य थोड़ी सटीकता से यह तय करना होता है कि वह ग्राहक कौन है, जो दूसरी प्रतिस्पर्धी कंपनियों के बजाय आपकी कंपनी के प्रॉडक्ट या सेवा को ख़रीदेगा।

प्रश्न यह है : "वे निश्चित ग्राहक कौन हैं, जो आपकी विशेषज्ञता के क्षेत्र और आपके अनूठेपन या श्रेष्ठता के क्षेत्र की सबसे ज़्यादा क़द्र करते हैं और जो सटीकता से वही विशेषताएँ व लाभ चाहते हैं, जिन्हें देने में आप सबसे ज़्यादा सक्षम हैं?"

आप अपने आदर्श ग्राहक का वर्णन कैसे करेंगे? सटीकता से आपने किस बाज़ार को अपना लक्ष्य बनाया है? यानी ग्राहकों के समंदर में वे ग्राहक कौन से हैं, जो आपके द्वारा दिए जाने वाले अनूठे अतिरिक्त मूल्य के कारण आपसे तुरंत ख़रीद सकते हैं और ख़रीदेंगे या जो आपके प्रॉडक्ट या सेवा को किसी तरह से संशोधित करने पर ख़रीद सकते हैं?

आदर्श ग्राहक की जनसांख्यिकी से शुरुआत करें। आपके आदर्श ग्राहक की उम्र क्या है? लिंग? आय श्रेणी? शिक्षा? पेशा? आपके आदर्श ग्राहक कहाँ रहते या काम करते हैं? उनकी पारिवारिक स्थिति या पारिवारिक संरचना का स्तर क्या है?

आपके आदर्श ग्राहक को परिभाषित करने का दूसरा हिस्सा शायद ज़्यादा महत्त्वपूर्ण है। इसे हम 'साइकोग्राफ़िक्स' कहते हैं, यानी आपके आदर्श ग्राहक के मन के भीतर क्या चल रहा है, जिसका इस बात पर सबसे ज़्यादा प्रभाव पड़ेगा कि ग्राहक आपसे ख़रीदता है, किसी दूसरे से ख़रीदता है या बिलकुल भी नहीं ख़रीदता है।

आपके आदर्श संभावित ग्राहक के मुख्य लक्ष्य और महत्त्वाकांक्षाएँ सटीकता से क्या हैं? उसकी इच्छाएँ, ज़रूरतें और ख़रीदने का निर्णय लेने की प्रेरणाएँ क्या हैं? उसकी आशाएँ, स्वप्न और भविष्य की अभिलाषाएँ क्या हैं, जिन्हें हासिल करने में आपका प्रॉडक्ट या सेवा मदद कर सकती है?

इस ग्राहक के डर, शंकाएँ या चिंताएँ क्या हैं, जिन्हें आपका प्रॉडक्ट दूर कर सकता है या जो आपसे ख़रीदने की राह में खड़ी है?

ख़ासतौर पर, आपके आदर्श ग्राहक के जीवन में वे कौन सी समस्याएँ हैं, जिन्हें आपका प्रॉडक्ट सुलझा सकता है? आपका प्रॉडक्ट उसकी किन ज़रूरतों को संतुष्ट कर सकता है? यह कौन से लक्ष्य हासिल करने में उनकी मदद कर सकता है? यह आपके आदर्श ग्राहक का कौन सा कष्ट दूर कर सकता है?

एकाग्रता

यह मार्केटिंग रणनीति का चौथा स्तंभ है, जो विशेषज्ञता, विशिष्टीकरण और खंडीकरण के क्षेत्रों के बारे में पूरी तरह स्पष्ट होने पर स्वाभाविक रूप से प्रवाहित होता है। आप जानते हैं कि आप क्या प्रदान करते हैं और क्या प्रदान नहीं करते हैं। आप जानते हैं कि लोगों को किसी दूसरे के बजाय आपसे क्यों और किन कारणों से ख़रीदना चाहिए। आपने अपने प्रॉडक्ट या सेवा के लिए आदर्श ग्राहक को पहचान लिया है। अब आपके लिए चौथी अवस्था यह है कि आप सिर्फ़ उन्हीं ग्राहकों पर एकाग्र मानसिकता से ध्यान केंद्रित करें, जो तार्किक समयावधि में आपसे ख़रीद सकते हैं और ख़रीदेंगे।

अपने आदर्श ग्राहकों के लिए विज्ञापन करने और उनसे संवाद करने के सर्वश्रेष्ठ संभव तरीक़े कौन से हैं?

वे सर्वश्रेष्ठ संभव माध्यम कौन से हैं, जिनसे आप सबसे कम पैसों में सबसे ज़्यादा संभावित ग्राहकों से संवाद कर सकते हैं? सबसे बढ़कर, वे सबसे शक्तिशाली और आकर्षक आग्रह कौन से हैं, जो आप उनसे तुरंत या लगभग तुरंत ख़रीदवाने के लिए कर सकते हैं?

आपका मार्केटिंग प्लान

जब आप मार्केटिंग मिश्रण के सात हिस्सों को मार्केटिंग रणनीति के चार तत्वों के साथ मिला देते हैं, तो आपकी बेहतरीन मार्केटिंग योजना तैयार हो जाती है।

बेहतरीन मार्केटिंग योजना के कई लाभ होते हैं। सबसे पहले तो यह लगातार बहने वाली नदी की तरह पात्र संभावित ग्राहकों को आपकी वेबसाइट या व्यवसाय की जगह तक आकर्षित करती है। बेहतरीन मार्केटिंग योजना आपके अनूठे बिक्री प्रस्ताव पर बार-बार ज़ोर देती है, ग्राहकों को लगातार बताती है कि आप 'अनूठे अतिरिक्त मूल्य' के रूप में ऐसा क्या देते हैं, जिसकी वजह से आपका प्रॉडक्ट ही सर्वश्रेष्ठ और एकमात्र विकल्प बन जाता है।

बेहद प्रतिस्पर्धी बाज़ार में मार्केटिंग बेहद जटिल होती है, लेकिन दूसरी तरह से देखें, तो यह काफ़ी आसान भी है। सटीकता से पता लगाएँ कि आपके आदर्श ग्राहक कौन हैं और वे क्या चाहते हैं, और फिर वे जो चाहते हैं, उसे अपने प्रतिस्पर्धियों से बेहतर, ज़्यादा तेज़ और ज़्यादा सस्ते में देने का तरीक़ा खोजें।

12

रणभूमि को चुनना

आपकी बिक्री और मार्केटिंग की रणनीति का मतलब यह चुनना है कि आप किसके खिलाफ़ प्रतिस्पर्धा करेंगे और किस आधार पर करेंगे।

यदि आप अपने बाज़ार या प्रॉडक्ट की पेशकश और अपने प्रॉडक्ट्स ख़रीदने वाले ग्राहकों को बदलने का निर्णय लेते हैं, तो आप अपने प्रतिस्पर्धी को भी बदल लेते हैं। मान लें कि आप एक देश हैं, जो दूसरे देशों से घिरा हुआ है। आप युद्ध करने का निर्णय लेते हैं, तो आपके आक्रमण की दिशा ही आपकी पूरी योजना को तय करेगी।

अपना ग्राहक बदलो, अपनी प्रतिस्पर्धा बदलो

एक बार फिर आदर्श उदाहरण स्टीव जॉब्स/आईफ़ोन का यह निर्णय था कि यह प्रौद्योगिकी और नवाचार के एक बिलकुल नए क्षेत्र में प्रतिस्पर्धा करेगी, जिसमें ऐपल पहले कभी नहीं गई थी। ऐपल ने एक ऐसा मोबाइल फ़ोन बनाने का अवसर ताड़ लिया, जो बाज़ार में उस समय बिकने वाले प्रॉडक्ट्स से पूरी तरह से अलग था। ऐपल ने नई प्रौद्योगिकियों को बाज़ार में उतारने का निर्णय लिया, जो फ़ोन की गुणवत्ता और आनंद को नोकिया, ब्लैकबेरी या सोनी एरिकसन के फ़ोन से बहुत आगे तक बढ़ा दें।

रणभूमि चुनते वक़्त आप अपने ग्राहक से शुरू करते हैं। वह क्या है, जिसे आज आपके ग्राहक माँग रहे हैं या आगे के वर्षों में चाहेंगे? आप कल के ग्राहक को संतुष्ट करने के लिए नई प्रौद्योगिकियाँ कैसे विकसित कर सकते हैं या ढाल सकते हैं? सारा बाज़ार नियोजन ग्राहक के बारे में सोचने से शुरू होता है। यह इस बारे में भी होता है कि आपको उस ग्राहक को ख़ुश करने के लिए क्या करना चाहिए।

आप यह निर्णय ले सकते हैं कि आप अपने ग्राहक को बदलकर ऐसे बाज़ार में जाएँगे, जिसकी आपके प्रतिस्पर्धी या तो कम सेवा कर रहे हैं या उचित सेवा नहीं कर रहे हैं। संतुष्ट करने के लिए नए ग्राहकों का चयन करके या अपने विद्यमान और भावी ग्राहकों के लिए नए प्रॉडक्ट्स या सेवाएँ उतारकर आप अपनी मार्केटिंग की रणभूमि को पूरी तरह बदल देते हैं। आप अपनी कंपनी के भविष्य को बदल देते हैं।

शक्तियाँ बनाम कमज़ोरियाँ

ख़ुद से पूछें, "मेरे मौजूदा बाज़ार में और जिन नए बाज़ारों में मैं प्रवेश कर सकता हूँ, उनमें मेरे प्रतिस्पर्धियों की शक्तियाँ और कमज़ोरियाँ क्या हैं?"

ब्लैकबेरी की शक्ति यह थी कि यह व्यवसायियों के लिए टेलीफ़ोन उपलब्ध कराने में बेहद सफल थी। इसकी बहुत बड़ी कमजोरी यह थी कि यह अपनी श्रेष्ठता पर इतना ज़्यादा भरोसा करने लगी कि इसने प्रौद्योगिकी में नवाचार करना छोड़ दिया। इसके फलस्वरूप ऐपल आईफ़ोन और सैमसंग गैलेक्सी के आते ही यह आसान शिकार बन गई। इसे मार्केट लीडर से दिवालियेपन तक पहुँचने में सिर्फ़ पाँच साल का समय लगा। ऐसा कभी नहीं होता, अगर ब्लैकबेरी बनाने वाले अपने प्रॉडक्ट को बेहतर बनाने में उतना ही समय, पैसा और शोध लगाते, जितना उन्होंने ख़ुद को बोनस और डिविडेंड देने में लगाया था।

आपके प्रतिस्पर्धियों की शक्तियाँ और कमज़ोरियाँ क्या हैं? आप उनकी शक्तियों को न्यूनतम कैसे कर सकते हैं और उनकी कमज़ोरियों से कैसे फ़ायदा उठा सकते हैं? उनकी शक्तियाँ और कमज़ोरियाँ आपको बाज़ार में कहाँ अवसर देती हैं, जिसे इस समय कोई नहीं देख पा रहा है?

साथ ही, आप अपनी ख़ुद की शक्तियों को पहचानते हैं और अपने प्रतिस्पर्धियों के मुक़ाबले में अपनी कमज़ोरियों की भरपाई करने के तरीक़ों की तलाश करते हैं।

प्रतिस्पर्धी प्रतिक्रिया के बारे में सोचें, यानी आपका शत्रु अपनी बिक्री, आमदनी और ग्राहकों की रक्षा करने के लिए क्या कर सकता है। अगर आप किसी नए प्रॉडक्ट या सेवा के साथ किसी बाज़ार में जाते हैं या अपने विद्यमान प्रॉडक्ट के साथ किसी नए बाज़ार में दाखिल होते हैं या बाज़ार में अपनी हिस्सेदारी बढ़ाने के लिए अपना विज्ञापन बजट बढ़ाते हैं, तो आपके प्रतिस्पर्धियों के क्या करने की संभावना है? वे निष्क्रियता से हाथ पर हाथ रखकर आपको उनके बाज़ार में घुसपैठ नहीं करने देंगे, जैसा ब्लैकबेरी ने करने दिया था।

अपने संसाधनों को सुरक्षित रखें

प्राचीन इतिहास के सबसे मशहूर युद्धों में से एक रोम और ग्रीस की सेनाओं के बीच हुआ था, जब पाइरस ग्रीस के राजा थे। युद्ध के अंत में पाइरस की सेना ने रोम की सेना को हरा दिया, लेकिन इसमें उनकी ख़ुद की आधी सेना शहीद हो गई।

जब किसी ने रोम के खिलाफ़ यह महान युद्ध जीतने पर उन्हें बधाई दी, तो उन्होंने वह मशहूर टिप्पणी की, जो पूरे इतिहास में उद्धृत की गई है : "एक और ऐसी विजय हो जाए, तो मैं बर्बाद हो जाऊँगा।"

उसके अगले साल रोम की सेना ने दोबारा आक्रमण किया। एक बार फिर युद्ध हुआ, लेकिन पहला युद्ध जीतने के बाद पाइरस की सेना

इतनी कम हो चुकी थी कि रोम की नई सेना ने इसे पूरी तरह परास्त कर दिया और पाइरस अपना राज्य ही नहीं हारे, बल्कि उन्हें अपनी जान भी गँवानी पड़ी।

व्यवसाय में यह बहुत महत्त्वपूर्ण होता है कि हम 'पाइरस जैसी विजय' ना हासिल करें। अगर आप बाज़ार में निश्चित स्तर की श्रेष्ठता हासिल करना चाहते हैं, तो यह बहुत महत्त्वपूर्ण है कि इसमें आपका इतना ज़्यादा पैसा ना लगे कि अंततः वह विजय खोखली साबित हो।

अपने प्रॉडक्ट और प्रतिस्पर्धा को सावधानी से बदलें

व्यवसाय बदलने से आपका प्रतिस्पर्धी बदल जाता है और प्रतिस्पर्धी को बदलने से आपका व्यवसाय बदल जाता है। याद रखें कि आपके प्रतिस्पर्धियों की क्रियाएँ और प्रतिक्रियाएँ ही आपके विकास, बाज़ार की हिस्सेदारी और मुनाफ़े को तय करेंगी। एक अच्छे रणनीतिकार के रूप में आपको अपने प्रतिर्स्पार्धियों का सावधानी से अध्ययन करना चाहिए और सटीकता से पता लगाना चाहिए कि अगर आप नए बाज़ार में दाख़िल होते हैं या नए प्रॉडक्ट्स उतारते हैं, तो इस पर वे किस तरह की प्रतिक्रिया कर सकते हैं। आपको यह भी तय करना चाहिए कि आप जिस नए प्रतिस्पर्धी को चुनौती देने की सोच रहे हैं, क्या आप उसके खिलाफ़ बाज़ार की भारी हिस्सेदारी जीत सकते हैं।

13

मार्केटिंग रणनीति के सैन्य सिद्धांत

मार्केटिंग करने वाले के रूप में आपके पास जो सबसे महत्त्वपूर्ण योग्यता है, वह है अपने प्रतिस्पर्धियों से ज़्यादा अच्छी तरह सोचने की योग्यता। आपके मानसिक ख़ज़ाने का हर विचार आपको दूसरों से अलग और बेहतर सोचने में फ़ायदा पहुँचाता है। मार्केटिंग रणनीति के सात मुख्य सिद्धांत हैं, जिनका इस्तेमाल करके आप अपने मार्केटिंग प्रयासों को बेहतर बना सकते हैं।

उद्देश्य का सिद्धांत

यह मार्केटिंग रणनीति का शुरुआती बिंदु है और शायद जीवन में भी रणनीति का सबसे अहम हिस्सा है। हमने पहले कहा था कि व्यावसायिक सफलता में सबसे महत्त्वपूर्ण शब्द है *स्पष्टता*। इसके लिए हर मार्केटिंग प्रयास में आपके लक्ष्यों और उद्देश्यों का पूरी तरह स्पष्ट होना ज़रूरी है।

क़ागज़ पर सोचें। अपनी योजना और कंपनी के लिए स्पष्ट उद्देश्य तय करें। स्पष्ट लक्ष्य रखें कि आपकी मार्केटिंग गतिविधियों पर कितना

ख़र्च होगा और आपको किन निश्चित वित्तीय परिणामों की उम्मीद है। ख़ुद को तौलें और वे पैमाने तय करें, जिन पर आप अपने प्रदर्शन की तुलना कर सकते हैं। याद रखें, "आप किसी ऐसे लक्ष्य को नहीं भेद सकते, जिसे आप देख नहीं सकते। जिसे मापा जाता है, उसे ही किया जाता है।"

अपने मार्केटिंग उद्देश्यों को स्पष्टता से तय करें और उनमें संख्याएँ और तारीख़ें जोड़ लें, फिर लगातार 'अपनी संख्याओं तक पहुँचने' और अपने प्रदर्शन को बेहतर बनाने की कोशिश करें।

आक्रमण का सिद्धांत

नेपोलियन ने कहा था, "कोई भी महान युद्ध रक्षात्मक होकर कभी नहीं जीते गए।" मार्केटिंग में सफल होने के लिए आपको 'सतत आक्रमण' की नीति पर चलना चाहिए। आपको लगातार नई चीज़ों को आज़माते रहना चाहिए और कारगर ना होने वाले पुराने विचारों को हटाते रहना चाहिए।

यह बहुत महत्त्वपूर्ण है कि आप मार्केटिंग में कितने नए विचारों को आज़माते हैं। उनकी संख्या और इस संभावना के बीच सीधा संबंध होता है कि आप अपने प्रॉडक्ट को पेश करने का आदर्श तरीक़ा खोज लेंगे, जिससे आपका टेलीफ़ोन बजने लगेगा या तिजोरी भरने लगेगी।

'आरामदेह दायरे' के प्रलोभन से बचें। कई लोग मार्केटिंग के किसी एक तरीक़े का इस्तेमाल करते हैं, जिससे थोड़ी सफलता मिलती है और वे जल्दी ही उससे प्रेम करने लगते हैं और परिवर्तन का प्रतिरोध करते हैं। आपको ऐसा नहीं करना चाहिए। आपको अपने मार्केटिंग के परिणामों को बेहतर बनाने के तरीक़ों की लगातार तलाश करनी चाहिए। और ऐसे तरीक़े हमेशा रहते हैं। आपको तो बस उन्हें खोजना है।

संचय का सिद्धांत

बड़े युद्ध शत्रु के कमज़ोर क्षेत्र पर अपनी शक्तियों को केंद्रित करके जीते जाते हैं। अपने सर्वश्रेष्ठ संदेश पर केंद्रित होने तथा इसे अपने सर्वश्रेष्ठ

ग्राहक तक पहुँचाने की आपकी योग्यता मार्केटिंग में सफलता की अनिवार्य कुंजी है।

युक्ति का सिद्धांत

सैन्य संदर्भ में युक्ति का मतलब है तेज़ी से आक्रमण की अलग-अलग नीतियों व तरीक़ों को आज़माने के लिए तैयार रहना। मार्केटिंग में युक्ति का मतलब है सृजनात्मकता और नवाचार – अपने ग्राहकों से संवाद करने के बेहतर, ज़्यादा तेज़ और ज़्यादा आकर्षक तरीक़े खोजना और अपने प्रॉडक्ट को ख़रीदने पर विचार करने के लिए प्रेरित करना।

शून्य-आधारित सोच का अभ्यास करें। यह प्रश्न पूछें : "क्या मार्केटिंग की अपनी कोशिशों में मैं कोई ऐसी चीज़ कर रहा हूँ, जिसे मैं अपने वर्तमान ज्ञान के आधार पर दोबारा शुरू नहीं करूँगा?"

ख़ुद के लिए ऊँचे पैमाने बनाएँ। मार्केटिंग के उन तरीक़ों और तकनीकों को छोड़ने के लिए तैयार रहें, जो अतीत में कारगर थे, लेकिन आज कारगर नहीं हैं।

मार्केटिंग में अपनी सृजनात्मकता को व्यापक बनाने का एक उत्कृष्ट तरीक़ा यह है कि आप अपने सबसे सफल प्रतिस्पर्धियों और ग़ैर-प्रतिस्पर्धियों के विज्ञापनों और प्रचार सामग्री का अध्ययन करें। जब मैंने एक बड़ी एजेंसी के लिए विज्ञापन लिखना शुरू किया, तो मैंने कई घंटों तक इतिहास के सबसे सफल विज्ञापनों का अध्ययन किया और सबसे सफल विज्ञापन एक्ज़ीक्यूटिव्ज़ तथा कॉपीराइटर्स के सफल विज्ञापनों पर भी सावधानी से नज़र डाली। कितना अद्भुत है कि दूसरों के सबसे सफल प्रयासों का लगातार अध्ययन करके आप कितना कुछ सीख सकते हैं।

संगठित प्रयास का सिद्धांत

सैन्य संदर्भ में संगठित प्रयास का मतलब है शत्रु पर आक्रमण करते समय सभी शक्तियों का एक साथ समन्वय करना। व्यवसाय में इसका मतलब है टीमवर्क। मार्केटिंग में संगठित प्रयास के विचार का मतलब है कि आप मार्केटिंग प्रयास में शामिल हर व्यक्ति के साथ क़रीबी तौर पर काम कर रहे हैं। इनमें प्रॉडक्ट या सेवा को विकसित करने वाले लोगों से लेकर सेल्सपीपुल और ग्राहक सेवा प्रतिनिधियों तक शामिल हैं, जो प्रॉडक्ट ख़रीदने व इस्तेमाल करने वाले आपके ग्राहकों से बात करते हैं।

मशहूर एक्ज़ीक्यूटिव अल्फ्रेड पी. स्लोन ने जनरल मोटर्स को संसार की सबसे बड़ी कंपनियों में से एक बनाया था। वे हर महीने एक सप्ताह तक की छुट्टी लेकर ऑफ़िस से ग़ायब हो जाते थे। किसी को भी पता नहीं होता था कि वे कहाँ गए और लौटने के बाद वे कुछ बताते भी नहीं थे।

बाद में पता चला कि स्लोन कार चलाकर डेट्रॉयट से सैकड़ों मील दूर जाते थे और जनरल मोटर्स की किसी कार डीलरशिप में एक सप्ताह तक काम करते थे। वहाँ वे ग्राहकों से बातचीत करते थे, जनरल मोटर्स के प्रॉडक्ट्स की शक्तियों और कमज़ोरियों पर उनकी बेबाक राय तथा फ़ीडबैक हासिल करते थे, फिर स्लोन अच्छी जानकारी के साथ जब ऑफ़िस लौटते थे, तो उनके पास अपने एक्ज़ीक्यूटिव्ज़ से ज़्यादा अच्छी जानकारी होती थी। इसी वजह से वे डिजाइन व मार्केटिंग में उत्कृष्ट निर्णय लेने के लिए जीएम का मार्गदर्शन करने में सक्षम थे।

आपके टीमवर्क का एक बहुत महत्त्वपूर्ण हिस्सा अपने ग्राहकों को शामिल करना है। अपने प्रॉडक्ट या सेवा के बारे में उनसे निरंतर फ़ीडबैक लें, पूछें कि वे इसके बारे में कैसा सोचते और महसूस करते हैं। मैं यह अवधारणा बार-बार सिखाता हूँ : आपके ग्राहक आपको अमीर बना देंगे, शर्त सिर्फ़ इतनी है कि आप उनसे पर्याप्त प्रश्न पूछें और उनके जवाब सुनें।"

आपका लक्ष्य यह होना चाहिए कि आप अपनी कंपनी के हर व्यक्ति को शामिल कर लें, जो आपके ग्राहकों को किसी तरह से स्पर्श करता है और लगातार फ़ीडबैक हासिल करें, जिससे आप उन ग्राहकों से ज़्यादा प्रभावी ढंग से संवाद कर सकें। एक व्यक्ति का एक विचार आपके मार्केटिंग प्रयासों के परिणामों का काया-कल्प कर सकता है।

आश्चर्य का सिद्धांत

सैन्य संदर्भ में बड़ी जीत तभी मिली, जब आपने कोई ऐसी चीज़ कर दी, जिसकी शत्रु को कभी उम्मीद ही नहीं थी। द्वितीय विश्व युद्ध में संयुक्त सेना नॉरमंडी में उतरी, जबकि उसके कैले में उतरने की उम्मीद थी। जर्मन सेना ने लगभग दुर्गम अर्देन के जंगल से आक्रमण किया, जबकि इससे बहुत दूर उत्तर में आक्रमण करने की उम्मीद की जा रही थी।

ऐपल ने विश्व बाज़ार में अपने नए आईफ़ोन की घोषणा करके नोकिया तथा ब्लैकबेरी को हैरान कर दिया, जिससे बाद में सेल फ़ोन बाज़ार में उनकी 'पराजय' हुई।

आप किन मार्केटिंग रणनीतियों पर अमल कर सकते हैं, जिनसे आपके प्रतिस्पर्धी पूरी तरह से हैरान हो जाएँ? आप कौन सा संदेश या पेशकश दे सकते हैं, जिसकी वजह से आपके प्रॉडक्ट के संभावित ग्राहक आपसे ख़रीदने के लिए बड़ी संख्या में प्रेरित हो जाएँ?

दोहन का सिद्धांत

सैन्य संदर्भ में इसका मतलब है कि महत्त्वपूर्ण अवसर मिलते ही पूरी शक्ति से उसका दोहन करने की रणनीति। मार्केटिंग में इसका मतलब यह है कि किसी उत्कृष्ट मार्केटिंग संदेश या नीति के फलस्वरूप आपको बाज़ार में जो महत्त्वपूर्ण अवसर मिलते हैं, आप उनका पूरा दोहन करें।

जब आपको किसी मार्केटिंग संदेश के असाधारण परिणाम मिलें, तो बाज़ार में अपनी नई स्थिति का पूरा लाभ लेने के लिए अपनी मार्केटिंग को जल्दी से जल्दी दो या तीन गुना कर लें। याद रखें, आपके प्रतिस्पर्धी तेज़ी से और आक्रामक अंदाज़ में प्रतिक्रिया करेंगे, इसलिए जब भी महत्त्वपूर्ण सफलता या अवसर मिले, तो ज़रा भी समय बर्बाद ना करें।

ख़ुद को अपनी 'मार्केटिंग सेना' का सेनापति मानें। इस बारे में लगातार सोचते रहें कि आप 'बाज़ार के युद्ध' में विजय हासिल करने के लिए अपने संसाधनों को कैसे तैनात कर सकते हैं और कैसे दोबारा तैनात कर सकते हैं।

14

भटकाने और हतोत्साहित करने के मार्केटिंग पैंतरे

आप बाज़ार में श्रेष्ठ स्थिति हासिल करने के लिए अपनी शक्तियों का कैसे उपयोग कर सकते हैं? यदि आप किसी अच्छे प्रॉडक्ट से शुरू कर रहे हैं और आप अच्छे भाव तथा मुनाफ़े पर इसे भारी तादाद में बेचने का अवसर देखते हैं, तो आपको यह सुनिश्चित करना चाहिए कि आपके प्रतिस्पर्धी यह ना देख पाएँ कि आप क्या कर रहे हैं और वे आपसे प्रतिस्पर्धा करने के लिए दौड़ ना लगा दें।

यह अर्थशास्त्र का नियम है कि जब भी 'बाज़ार दर से ज़्यादा मुनाफ़ा' नज़र आता है, तो प्रतिस्पर्धी अपनी वस्तुओं और सेवाओं को उतारने के लिए उस बाज़ार में कूद जाते हैं। मिसाल के तौर पर, रियल एस्टेट बाज़ार में जब भी उछाल आता है, तो व्यक्तिगत उद्यमी एक दूसरे के साथ समन्वय किए बिना फटाफट ज़्यादा घर और जायदाद बनाने के लिए उतावले हो जाते हैं। जल्दी ही बाज़ार में आवश्यकता से बहुत ज़्यादा ख़रीद-फ़रोख़्त होने लगती है और जिन ऊँचे भावों ने प्रतिस्पर्धियों को आकर्षित किया था, वे कम हो जाते हैं, जिससे प्रतिस्पर्धी अक्सर कारोबार से बाहर जाने के लिए विवश हो जाते हैं।

अपने प्रतिस्पर्धियों को ना ललचाएँ

आपके प्रतिस्पर्धी हर उस बाज़ार में दाख़िल हो जाएँगे, जहाँ उन्हें औसत से ज़्यादा मुनाफ़ा कमाने की संभावना नज़र आएगी। आप उनके ध्यान को अपने संभावित या असली मुनाफ़े से दूर रखने के लिए जो भी करते हैं, उससे आपको बाज़ार में ज़्यादा समय हासिल करने और अपनी स्थिति को मज़बूत करने का मौक़ा मिलता है।

अगर कोई प्रतिस्पर्धी या अनजान व्यक्ति आपसे पूछे कि आपका कारोबार कैसा चल रहा है, तो हमेशा उससे कहें कि स्थिति बहुत ख़राब है। "आज बाज़ार सचमुच मुश्किल है। हमें एक-एक डॉलर कमाने के लिए जूझना पड़ रहा है।"

ध्यान ना देने लायक़ नज़र आएँ

जब आप किसी संभावित रूप से लाभदायक बाज़ार में दाख़िल हों, तो पहली रणनीति यह है कि ध्यान देने लायक़ नज़र ना आएँ। बहुत छोटे और महत्त्वहीन नज़र आएँ। लोगों को यह महसूस होने दें कि आप बाज़ार के बहुत छोटे खंड की सेवा करने जा रहे हैं।

मैं नहीं जानता कि आईफ़ोन के मामले में यह ऐपल की रणनीति थी या नहीं, लेकिन यह हो भी सकती है, क्योंकि इसके प्रतिस्पर्धियों ने आईफ़ोन और ऐपल की मार्केटिंग गतिविधियों को भी तब तक नज़रअंदाज़ कर दिया, जब तक कि बहुत देर नहीं हो गई। दूसरा काम यह है कि जब आप बिक्री या मुनाफ़े के ऊँचे स्तर हासिल कर लें, तो अपनी सफलता के बारे में बड़ी-बड़ी घोषणाएँ ना करें या डींगें ना हाँकें, जब तक कि आप अपने प्रतिस्पर्धियों से इतने आगे ना निकल जाएँ कि वे आपको पकड़ ना पाएँ। आक्रामक प्रतिस्पर्धियों के सामने लाल झंडा ना लहराएँ, वरना वे बैल की तरह आपके पीछे लपक लेंगे।

कई कंपनियों की रणनीति यह होती है कि वे ख़ुद को बाज़ार में दृढ़ता से स्थापित कर लेती हैं और इसके बाद ही यह ऐलान करती हैं

कि अब वे अपने क्षेत्र में इतनी बड़ी, शक्तिशाली और पूर्णतः स्थापित हो चुकी हैं कि प्रतिस्पर्धियों को किसी दूसरी जगह पर जाना चाहिए। कई बार यह रणनीति सफल होती है और कई बार नहीं होती, लेकिन किसी ख़ास प्रॉडक्ट के मामले में बाज़ार का अचानक वर्चस्व हासिल करने की अनुभूति से अक्सर आपके प्रतिस्पर्धी बिक्री और मुनाफ़े के लिए किसी दूसरी जगह की तलाश करने लगते हैं।

अपनी योजनाओं को गोपनीय रखें

गोपनीयता बनाए रखें, ख़ासतौर पर जब आप नए प्रॉडक्ट्स बाज़ार में उतार रहे हों या जब आपको बाज़ार में कोई ज़बर्दस्त मौक़ा नज़र आ रहा हो। प्रॉडक्ट बाज़ार में उतारने तक गोपनीयता बनाए रखें। आईपॉड, आईफ़ोन और आईपैड को बाज़ार में उतारने से पहले ऐपल ने गोपनीयता को लगभग जुनून की हद तक क़ायम रखा था। जब ये प्रॉडक्ट आख़िरकार बाज़ार में आए, तो कुछ ही महीनों में करोड़ों प्रॉडक्ट बिक गए।

ऐपल ने नए प्रॉडक्ट्स बाज़ार में उतारने से पहले आंतरिक जानकारी को कसकर नियंत्रित करने और सुरक्षित रखने की प्रतिष्ठा बना ली है।

एक बार फिर सैन्य रणनीति का इस्तेमाल करें। आप यह नहीं चाहते कि आपके प्रतिद्वंद्वी आपको 'अपनी सेनाएँ इकट्ठी करते' देखें। नेपोलियन की यही रणनीति थी। गोपनीय रूप से अपनी सेनाओं को एकजुट करने की वजह से उन्होंने इतिहास के सबसे लंबे और सबसे सफल सैन्य करियरों में से एक में लगातार बड़े युद्ध जीते।

नेपोलियन अपनी सेना की टुकड़ियों को जान-बूझकर बड़े भौगोलिक क्षेत्र में फैलाकर अलग-अलग रखते थे, जब तक कि बड़े युद्ध का समय ना आ जाए, फिर वे युद्ध के लिए अपनी सभी टुकड़ियों को एक जगह पर एक साथ बुला लेते थे। वे अक्सर अपनी सेना को चौबीस से अड़तालीस घंटे में एकजुट कर लेते थे, जिससे शत्रु पूरी तरह हैरान रह जाता था।

जब वे युद्ध करते थे, तो संपर्क के बिंदु पर संख्या के मामले में वे हमेशा श्रेष्ठ स्थिति में रहते थे। वे यूरोप की लगभग हर सेना को परास्त करने में इसलिए सफल रहे, क्योंकि उन्होंने अपनी सेना को तब तक छिपाए रखा, जब तक कि वे ख़ुद को उजागर करने और अपनी पूरी सेना के साथ आक्रमण करने के लिए तैयार ना हों।

यही आपको भी करना चाहिए। अपने प्रॉडक्ट की विकास गतिविधियों को गोपनीय रखें। इस तरह काम करें, जैसे आप अपना नियमित काम कर रहे हों। अपने नए प्रॉडक्ट्स पर गोपनीयता का कंबल ढँक दें, ताकि आपके प्रतिस्पर्धियों को भनक भी ना लगे कि आप क्या करने जा रहे हैं। आश्चर्य युद्ध और बाज़ार में महान विजय की अनिवार्य रणनीति है।

उनका ध्यान दूसरी तरफ़ मोड़ दें

अपने प्रतिस्पर्धियों का ध्यान अपने मुख्य प्रॉडक्ट्स, सेवाओं और बाज़ार से दूर मोड़ने के तरीक़े खोजें। अगर आपके पास भारी मुनाफ़ा कराने वाला एक प्रॉडक्ट है और कम मुनाफ़ा कराने वाले कई प्रॉडक्ट्स हैं, तो लोगों द्वारा कारोबार के हालचाल पूछने पर उनका ध्यान अपने कम मुनाफ़े और ज़्यादा संख्या वाले प्रॉडक्ट्स की ओर मोड़ दें, ताकि आपके प्रतिस्पर्धी यह सोचने लगें कि असल बाज़ार वहीं है और उन्हें भी अपनी ऊर्जा को वहीं केंद्रित करना चाहिए। अपने प्रतिस्पर्धियों को उन बाज़ारों में जाने के लिए प्रोत्साहित करें, जो आपके लिए सबसे कम लाभदायक हों। अपने सबसे लाभदायक प्रॉडक्ट्स के बारे में गोपनीयता बनाए रखना मार्केटिंग रणनीति की कुंजी है।

कई कंपनियों की यह स्वाभाविक प्रवृत्ति होती है कि वे अपना बिगुल बजा देती हैं और बाज़ार में अपनी सफलताओं की डींगें हाँकने लगती हैं। वे ज़ोर-ज़ोर से सार्वजनिक घोषणाएँ करती हैं कि किन क्षेत्रों में उन्हें सबसे ज़्यादा मुनाफ़ा हो रहा है। ये कंपनियाँ दरअसल बैल के सामने लाल झंडा लहरा रही हैं और अपने प्रतिस्पर्धियों को प्रोत्साहित कर रही

हैं कि वे अपने प्रॉडक्ट्स के साथ उन बाज़ारों में कूद जाएँ। अंततः ऐसी कंपनियों की बिक्री, मुनाफ़ा और बाज़ार में हिस्सेदारी घट जाती है। जब आप दूसरे प्रतिस्पर्धियों को अपने बाज़ार में उतरने के लिए ख़ुद प्रोत्साहित करते हैं, तो उसका परिणाम यही होता है।

15

'अधिकतम के साथ सर्वप्रथम' की रणनीति का अभ्यास करें

नैथन बेडफ़ोर्ड फ़ॉरेस्ट सिपाही के रूप में सेना में दाख़िल हुए थे और तरक्क़ी करते-करते वे गृहयुद्ध के दौरान कन्फेडरैट आर्मी की घुड़सवार टुकड़ी के जनरल बन गए। युद्ध की उनकी अपारंपरिक रणनीतियों की बदौलत उन्होंने बहुत सी लड़ाइयाँ जीतीं, जो सदर्न सेना के लिए अभूतपूर्व थीं। उनकी एक प्रिय नीति थी, 'अधिकतम के साथ सर्वप्रथम'।

उनका मानना था कि जो सेनापति दुश्मन को पता चले बिना अपनी सभी टुकड़ियों को एक साथ एक ही जगह पर इकट्ठा कर सकता है, वह जीतने के लिए आवश्यक श्रेष्ठता हासिल कर लेता है। उनकी यह नीति हर बार सही साबित हुई। वे लगातार अपनी सेनाओं को इधर-उधर ले जाते थे, ताकि शत्रु चकमा खा जाए, फिर वे अपनी पूरी सेना को एक अति महत्त्वपूर्ण बिंदु पर इकट्ठा कर लेते थे, जहाँ वे हर बार नॉर्दर्न सेना को पराजित कर देते थे।

मार्केटिंग में इसका मतलब है कि आपके प्रतिस्पर्धियों को पता चलने से पहले आप एक श्रेष्ठ प्रॉडक्ट विकसित कर लेते हैं और फिर उसे बाज़ार में हर जगह एक साथ उतार देते हैं।

इस रणनीति का लक्ष्य बाज़ार का नेतृत्व हासिल करना है। इसका लक्ष्य आपको बाज़ार के आपके चुने हुए खंड में पहले स्थान पर पहुँचाना है। इस रणनीति में ऊँचा जोखिम तो रहता है, लेकिन इसमें सबसे ज़्यादा मुनाफ़े की संभावना भी होती है।

'अधिकतम के साथ सर्वप्रथम' की रणनीति किसी प्रतिस्पर्धी लाभ वाले या अनूठे नए प्रॉडक्ट के मामले में आदर्श रहती है, जो वर्तमान बाज़ार में मौजूद किसी दूसरे प्रॉडक्ट से अलग हो। इस रणनीति से आपको बाज़ार में तुरंत लाभ मिलता है, क्योंकि इसमें रणनीति के दो सबसे शक्तिशाली सिद्धांतों का इस्तेमाल किया जाता है : आश्चर्य और दोहन।

आश्चर्य का सिद्धांत

जैसा अध्याय 13 में वर्णन किया गया है, युद्धनीति में आश्चर्य का सिद्धांत कोई ऐसा काम करना है, जिसकी शत्रु उम्मीद नहीं करता है। व्यवसाय में आश्चर्य सिद्धांत को लागू करने के कई तरीक़े हैं, जैसे अपने प्रॉडक्ट्स को मिलाकर एक नई व ज़्यादा मूल्यवान पेशकश उत्पन्न करना या अपने प्रॉडक्ट्स का विभाजन करके उन्हें ज़्यादा ग्राहकों के लिए ज़्यादा किफ़ायती बनाना। कई बार तो कंपनियाँ किसी एक बाज़ार को पूरी तरह छोड़कर किसी अलग बाज़ार में अपने संसाधनों को केंद्रित करके लाभान्वित होती हैं - यह जनरल फ़ॉरेस्ट द्वारा अपनी टुकड़ियों को वहाँ पर केंद्रित करने जैसा होता है, जहाँ किसी को उम्मीद नहीं थी।

दुर्भाग्य से कई लीडर अपनी ख़ुद की कंपनियों में आश्चर्य सिद्धांत को दुर्बल करते हैं, क्योंकि वे एक ऐसा परिवेश बना देते हैं, जहाँ जोखिम लेने पर दंड दिया जाता है। अगर आपके मैनेजर या आपके कर्मचारी कोई नई चीज़ करने से इसलिए घबराते हैं, क्योंकि उन्हें कभी असफल

होने की अनुमति नहीं दी जाती है, तो आपकी कंपनी प्रतिस्पर्धियों को कभी आश्चर्यचकित नहीं कर पाएगी।

दोहन का सिद्धांत

दोहन सिद्धांत का मतलब किसी विजय का पूरा लाभ लेना है। सेनापति किसी भी तरह के महत्त्वपूर्ण अवसर का तुरंत पूरा लाभ उठाता है और निर्णायक विजय हासिल करने के लिए खुली खिड़की में अपने सारे संसाधन भर देता है। व्यवसाय में भी इसी नीति पर चलना चाहिए : कोई भी महत्त्वपूर्ण अवसर मिलते ही संगठित कार्य तुरंत करना चाहिए, चाहे इसका मतलब नए ग्राहकों के सामान ख़रीदने के तुरंत बाद उन्हें ज़्यादा या महँगा सामान बेचना हो या कोई सफल प्रॉडक्ट उतारने के बाद नया प्रॉडक्ट विकास कार्यक्रम शुरू करना हो।

ऐपल की रणनीति

ऐपल 'अधिकतम के साथ सर्वप्रथम' रणनीति की सफलता की उदाहरण है। जब भी ऐपल कंपनी किसी नए प्रॉडक्ट की घोषणा करती है या किसी मौजूदा प्रॉडक्ट में बेहतरी की घोषणा करती है, तो बाज़ार में रोमांचक कौतूहल की स्थिति बन जाती है और पूरा संसार देखता व इंतज़ार करता है, फिर लगभग रातों-रात नया प्रॉडक्ट पूरे संसार में उपलब्ध हो जाता है। आईफ़ोन 5एस और 5सी के साथ इस रणनीति का इस्तेमाल करके ऐपल ने प्रॉडक्ट उतारने के 72 घंटों के भीतर 90 लाख से ज़्यादा फ़ोन बेच दिए, जिससे इसे अरबों डॉलर की बिक्री व मुनाफ़ा हुआ और ऐपल के मुख्य प्रतिस्पर्धियों को काफ़ी निराशा हुई।

आप 'अधिकतम के साथ सर्वप्रथम' रणनीति का इस्तेमाल करके अपने पूरे बाज़ार क्षेत्र में लगभग रातों-रात किसी नए प्रॉडक्ट या सेवा को कैसे उतार सकते हैं? प्रतिस्पर्धी देख रहे हैं। आप उनसे ज़्यादा चतुराई कैसे दिखा सकते हैं?

16

'वहाँ वार करें, जहाँ कोई नहीं है' की रणनीति

इसे अक्सर 'ख़ाली जगह की रणनीति' भी कहा जाता है। आप बाज़ार को देखते हैं और ऐसे प्रॉडक्ट या सेवा के बारे में सोचते हैं, जिसे कोई नहीं दे रहा है। यह मौजूदा प्रॉडक्ट्स और आप जिन प्रॉडक्ट्स को बाज़ार में उतार सकते हैं, उनके बीच की ख़ाली जगह को भरता है।

जब डोमिनोज़ पिज़्ज़ा शुरू हुआ, तो हज़ारों पिज़ेरिया सामान्य पिज़्ज़ा परोस रहे थे। उस बाज़ार में भी यही हो रहा था, जहाँ पहला डोमिनोज़ पिज़्ज़ा स्थापित हुआ।

डोमिनोज़ के संस्थापक टॉम मोनाहन ने जिस ख़ाली जगह को पहचाना, वह यह थी कि जब ग्राहक पिज़्ज़ा का ऑर्डर देते थे, तो गति गुणवत्ता से ज़्यादा महत्त्वपूर्ण होती थी। जब कोई ग्राहक फ़ोन पर पिज़्ज़ा ऑर्डर करता था, तो वह *पहले से* भूखा होता था और जल्दी से जल्दी पिज़्ज़ा खाना चाहता था। मोनाहन ने तीस मिनट के भीतर पिज़्ज़ा पहुँचाने की गारंटी देकर यह ख़ाली जगह भर दी और फिर इस लक्ष्य को हासिल करने के लिए पिज़्ज़ा के उत्पादन की पूरी प्रक्रिया को पुनर्गठित किया।

बाक़ी इतिहास है। आज संसार में 8,000 से ज़्यादा डोमिनोज़ पिज़्ज़ा रेस्तराँ हैं और टॉम मोनाहन काफ़ी समय पहले ही लगभग 2 अरब डॉलर की दौलत के साथ रिटायर हो चुके हैं। यह किसी ख़ाली जगह को पहचानने का बुरा परिणाम नहीं है, जो हर एक के सामने स्पष्ट थी, लेकिन जिसे डोमिनोज़ को छोड़कर बाकी सभी प्रतिस्पर्धियों ने नज़रअंदाज़ कर दिया था।

कोई बेहतर, ज़्यादा तेज़, ज़्यादा सस्ती चीज़ दें

जहाँ कोई भी ख़ास प्रॉडक्ट या सेवा प्रदान नहीं कर रहा है, वहाँ किसी नए प्रॉडक्ट या सेवा के तालमेल को उतारने के तरीक़े खोजें। बाज़ार में कुछ अलग और अप्रत्याशित करें। आप एक प्रतिलिपि प्रॉडक्ट बनाकर भी अपने प्रतिस्पर्धियों से एक क़दम आगे निकल सकते हैं। सृजनात्मक नक़ल का अभ्यास करके आप अपने प्रतिस्पर्धियों के प्रॉडक्ट की नक़ल करते हैं और इसे बेहतर बनाकर बाज़ार में अपनी श्रेष्ठ छवि बना लेते हैं।

जहाँ कोई नहीं है, वहाँ प्रहार करने का एक और उदाहरण वह था, जब टूथपेस्टों की भीड़ में एक टूथपेस्ट ने एंटी-प्लाक फ़ॉर्मूला जोड़ दिया और लगभग रातों-रात सामान्य टूथपेस्टों को दूसरे दर्जे का बना दिया।

इसके कुछ ही समय बाद कोलगेट ने अपने टूथपेस्ट में सफ़ेदी का फ़ॉर्मूला उतारा, जिसे दूसरा कोई नहीं दे रहा था और अपने कई प्रतिस्पर्धियों को दूसरे दर्जे का बना दिया।

ज़रा कल्पना करें! आप ख़ुद के और अपने परिवार के लिए टूथपेस्ट ख़रीदने स्टोर जाते हैं और आपके पास सामान्य टूथपेस्ट, एंटी-प्लाक टूथपेस्ट या सफ़ेदी के फ़ॉर्मूले वाले टूथपेस्ट के बीच चुनने का विकल्प होता है। आप किसे चुनेंगे? और इसके बाद जल्दी ही एक और कंपनी आई, जिसके टूथपेस्ट में एंटी-प्लाक फ़ॉर्मूला भी था और सफ़ेदी का फ़ॉर्मूला भी था और दौड़ एक बार फिर से शुरू हो गई।

अपने प्रॉडक्ट की दोबारा पोज़ीशनिंग करें

आप अपने प्रॉडक्ट को आदर्श बनाकर और उसकी दोबारा पोज़ीशनिंग करके भी वहाँ वार कर सकते हैं, जहाँ कोई नहीं है। कई साल तक 7अप नामक सॉफ्ट ड्रिंक कोक और पेप्सी से प्रतिस्पर्धा करता रहा, फिर इस सॉफ्ट ड्रिंक निर्माता ने अपनी रणनीति पूरी तरह बदल ली और 7अप को 'अनकोला' के रूप में पोज़ीशन कर दिया।

कोक और पेप्सी के खिलाफ़ प्रतिस्पर्धा करने के बजाय निर्माता ने इस बात पर ज़ोर दिया कि 7अप हल्का, नींबू के स्वाद वाला, तीखा पेय था, जो गहरे रंग के कोला के विपरीत था।

इस तरह से अपनी पोज़ीशनिंग को बदलकर 7अप सॉफ्ट ड्रिंक बाज़ार में अपनी हिस्सेदारी को 14 प्रतिशत से कुछ ही वर्षों में 20 प्रतिशत तक पहुँचाने में कामयाब हुआ, जिसका मतलब था कि इसकी बिक्री और मुनाफ़ा कई करोड़ डॉलर बढ़ गया था।

अपने प्रतिस्पर्धियों से ज़्यादा दें

दोबारा पोज़ीशनिंग पर आधारित एक और मशहूर प्रचार-वाक्य एविस कार रेंटल का विज्ञापन था, जिसने संसार की दिग्गज कंपनी हट्ज़ की तुलना में कहा था, "हम दूसरे नंबर पर हैं, हम ज़्यादा कड़ी कोशिश करते हैं।"

यह संदेश कई संभावित ग्राहकों को जँचा, जो कम क्षमता वाली कंपनी को ना सिर्फ़ एक मौक़ा देना चाहते थे, बल्कि यह भी समझते थे कि अगर एविस 'ज़्यादा कड़ी कोशिश' कर रही है, तो शायद ग्राहक को बेहतर सौदा मिलेगा। एविस की बिक्री बढ़ती चली गई और अंततः यह कंपनी रेंटल कार के बाज़ार में दूसरे स्थान पर पहुँच गई, हालाँकि अपने पूरे इतिहास में यह पहले कभी दूसरे स्थान पर नहीं रही थी।

जहाँ कोई नहीं है, वहाँ वार करने का एक और तरीक़ा अपने प्रॉडक्ट में कोई नई और अलग चीज़ जोड़कर इसे मौजूदा प्रॉडक्ट से पूरी तरह अलग बनाना है और इस तरह इसे प्रतिस्पर्धियों से अलग करना है। आप एक अतिरिक्त सेवा जोड़ सकते हैं, जो आपकी पेशकश के मूल्य और आकर्षण को बढ़ाती है तथा आपकी कंपनी के बारे में ग्राहक के मन की अनुभूतियों को बदल देती है।

किसी नई चीज़ की पेशकश करें

जब ऐपल ने आईफ़ोन बाज़ार में उतारा, तो इसने एक बहुत क्रांतिकारी चीज़ की। ऐपल लंबे समय से जिस लाभकारी रणनीति पर चल रही थी, उसमें सारी प्रौद्योगिकी को ट्रेडमार्क से सुरक्षित और कंपनी के अंदर रखा जाता था। लेकिन इस बार इसने अपनी शिल्प-विद्या लोगों के लिए खोलकर उन्हें आईफ़ोन के लिए एप्लिकेशन्स बनाने की अनुमति दी। कुछ ही महीनों में बाँध टूट गया। आज आईफ़ोन के लिए 8 लाख से ज़्यादा एप्लिकेशन्स उपलब्ध हैं, जो बाज़ार में मौजूद किसी भी अन्य स्मार्टफ़ोन से ज़्यादा हैं और एप्लिकेशन्स बनाने वाले कई लोग करोड़पति, यहाँ तक कि अरबपति भी बन गए हैं।

आज दस लाख से ज़्यादा उद्यमी हैं, जो आईफ़ोन और एंड्रॉइड फ़ोन के लिए अगला नया 'शानदार एप' बनाने के लिए अकेले या मिलकर काम कर रहे हैं। सभी यह उम्मीद कर रहे हैं कि वे एक नए प्रॉडक्ट से 'ख़ाली जगह' को भर देंगे, जिसकी बाज़ार में ज़बर्दस्त उपयोगिता होगी और जो उद्यमी के लिए काफ़ी दौलत कमाएगा।

17

बाज़ार के छोटे कोने पर क़ब्ज़ा करें

आप इस रणनीति का इस्तेमाल तब करते हैं, जब आप किसी ऐसे प्रॉडक्ट के दम पर गहरे बाज़ार के एक छोटे कोने पर क़ब्ज़ा कर लेते हैं, जिसे हर कोई चाहता है और जिसकी हर किसी को ज़रूरत होती है। हर व्यक्ति जिस प्रॉडक्ट को चाहता है और जिसे कोई दूसरा नहीं दे रहा है, आप उस प्रॉडक्ट के उच्च गुणवत्ता वाले अनूठे सप्लायर बन जाते हैं।

मिसाल के तौर पर, स्मार्टफ़ोन का उपयोग करने वाले जल्दी ही ई-मेल के बजाय एसएमएस मैसेज करने लगे, लेकिन एसएमएस से संदेश भेजने में समय और एकाग्रता की ज़रूरत पड़ती थी, इसलिए इसे अमेरिका के राजमार्गों पर काफ़ी हद तक प्रतिबंधित कर दिया गया था। अपने मित्रों और साथियों से तुरंत व आसानी से संवाद करने की इच्छा के बाज़ार के छोटे कोने को भरने के लिए दो कंपनियों ने जल्दी ही नए एप्लिकेशन्स विकसित किए, वीचैट और व्हाट्सएप।

दोनों ही में आप आइकन दबाते हैं, अपने संदेश के मनचाहे प्राप्तकर्ता का नाम दबाते हैं और मुँह से एक संदेश बोल देते हैं, जो चंद

सेकंडों में ही संसार में कहीं भी पहुँच जाता है। बहुत ही कम समय में वीचैट के 20 करोड़ से ज़्यादा सदस्य बन गए (मुख्यतः चीन में) और व्हाट्सएप बाक़ी संसार में वॉइस कम्युनिकेशन का मुख्य एप बन गया है।

कोई अनिवार्य चीज़ दें

इस रणनीति का एक और उदाहरण है, जिसे 'टोल गेट कोना' कहा जाता है। इसमें आप एक ऐसा प्रॉडक्ट या सेवा विकसित करते हैं, जिसकी ज़रूरत किसी ख़ास व्यवसाय या उद्योग में होती है, तभी वह अपने व्यावसायिक या व्यक्तिगत जीवन के लिए अनिवार्य किसी दूसरे प्रॉडक्ट या सेवा का अधिकतम मूल्य हासिल कर सकता है।

इस 'टोल गेट कोना' रणनीति का मेरा प्रिय उदाहरण है ह्यूज़ ड्रिलिंग, जिसे कई साल पहले हॉवर्ड ह्यूज़ के पिता ने स्थापित किया था। वे तेल के कुएँ की ड्रिलिंग के लिए डायमंड ड्रिल बिट को डिज़ाइन करने, विकसित करने और बेचने वाले पहले आविष्कारक थे।

एक समय किसी ने उनसे पूछा कि क्या लोगों को सचमुच ह्यूज़ डायमंड ड्रिल बिट की ज़रूरत है (जो बहुत महँगी थी)। उनकी प्रतिक्रिया यह थी कि तेल की ड्रिलिंग करने वालों के पास दो विकल्प होते हैं। या तो वे तेल की खुदाई करने के लिए उनकी बिट का इस्तेमाल कर सकते हैं या फिर वे फावड़े का इस्तेमाल कर सकते हैं।

चंद वर्षों में संसार की हर तेल ड्रिलिंग कंपनी के पास ह्यूज़ की मुँहमाँगी क़ीमत देने के अलावा कोई विकल्प नहीं था। उनकी ड्रिलें तेल की किफ़ायती ड्रिलिंग के लिए बिलकुल अनिवार्य थीं।

विशेषज्ञतापूर्ण सेवा दें

एक और रणनीति यह है कि आप एक विशेषज्ञतापूर्ण योग्यता या सेवा दें, जो इतनी महत्त्वपूर्ण हो कि कोई दूसरा इसे करके वही परिणाम ना पा

सके। इसका एक आदर्श उदाहरण है माइक्रोसॉफ्ट, जिसने ऑफ़िस प्रोग्राम्स तैयार किए, जिनकी ज़रूरत लोगों को उनके व्यवसाय में कार्यकुशल और प्रभावी अंदाज़ में परिणाम पाने के लिए थी। माइक्रोसॉफ्ट ने अपने प्रोग्राम को लगातार बेहतर बनाया, नई विशेषताएँ जोड़ीं और साथ ही भाव भी घटाती गई, ताकि कोई दूसरा प्रतिस्पर्धी बाज़ार में दाख़िल ना हो पाए।

कुशल व्यावसायिक कार्यसंचालन के लिए अनिवार्य प्रॉडक्ट बनाने, इसकी गुणवत्ता बढ़ाने और लगातार भाव घटाने की रणनीति की बदौलत बिल गेट्स अमेरिका के सबसे अमीर व्यक्ति बन गए, जिनकी दौलत 2014 में 72 अरब डॉलर थी।

आप अपने एक या ज़्यादा विद्यमान प्रॉडक्ट्स को किस तरह रिपोज़ीशन कर सकते हैं, ताकि वे किसी दूसरे प्रॉडक्ट का उपयोग करने वाले किसी व्यक्ति के लिए बिलकुल अपरिहार्य बन जाएँ? आप किसी ऐसी चीज़ से बाज़ार के छोटे कोने पर कैसे क़ब्ज़ा कर सकते हैं, जो किसी दूसरी उपलब्ध चीज़ से ज़्यादा अच्छी, ज़्यादा तेज़ और ज़्यादा सस्ती हो?

'अनूठे अतिरिक्त मूल्य' की अवधारणा लगातार याद रखें। अपना ध्यान यह बताने पर केंद्रित करें कि आपके प्रॉडक्ट में जो अनूठा अतिरिक्त मूल्य है, वह ग्राहकों के पास होना ही चाहिए, तभी वे ख़ुश और संतुष्ट हो सकते हैं।

18

सृजनात्मक मार्केटिंग विकास की रणनीतियाँ

आप अपने बाज़ारों का विकास कैसे कर सकते हैं? पाँच बुनियादी सृजनात्मक मार्केटिंग विकास रणनीतियाँ हैं।

सबसे पहले, आप अपने विद्यमान प्रॉडक्ट्स को बेहतर बनाकर, ज़्यादा प्रभावी ढंग से उनका विज्ञापन करके, उनकी बंडलिंग यानी समूहीकरण करके, उनकी अनबंडलिंग यानी पृथक्करण करके, अपने वितरण चैनलों को ज़्यादा फैलाकर या अपने भाव कम करके अपने विद्यमान बाज़ारों में उन्हें ज़्यादा संख्या में बेच सकते हैं। अगर आप अपने वर्तमान बाज़ार में अपने विद्यमान प्रॉडक्ट्स ज़्यादा बेचना चाहते हैं, तो आप ऊपर बताई रणनीतियों में से किसका इस्तेमाल कर सकते हैं?

दूसरे, आप अपने विद्यमान बाज़ारों में मौजूदा ग्राहकों को नए प्रॉडक्ट्स और सेवाएँ बेच सकते हैं। यह सोचें कि आप अपने मौजूदा प्रॉडक्ट्स के पूरक दूसरे प्रॉडक्ट्स कैसे पेश कर सकते हैं। मौजूदा ग्राहकों को प्रॉडक्ट्स बेचना आसान होता है, क्योंकि वहाँ आपकी विश्वसनीयता पहले ही जम चुकी है और वितरण मार्ग स्थापित हो चुके हैं।

आपके वर्तमान ग्राहकों की कौन सी अतिरिक्त चाहतें, ज़रूरतें और इच्छाएँ हैं, जिन्हें आप नए प्रॉडक्ट्स से संतुष्ट कर सकते हैं, जो आपके बेचे जाने वाले प्रॉडक्ट्स के पूरक होंगे?

याद रखें, पाँच साल बाद जो प्रॉडक्ट ख़रीदे जाएँगे, वे आज की तुलना में पूरे 80 प्रतिशत अलग होंगे। आज प्रॉडक्ट्स के पुरातनपंथी होने की दर इतनी ज़्यादा तेज़ है, जितनी मानव इतिहास में कभी नहीं रही। आगे आने वाले वर्षों में यह और तेज़ होगी। जो प्रॉडक्ट्स वर्तमान बाज़ार में अपनी निर्धारित तिथि को पार कर चुके हैं, उनकी जगह पर नए प्रॉडक्ट्स और सेवाओं को लगातार विकसित करना चाहिए।

नए बाज़ारों में प्रवेश करें

तीसरे, अपने विद्यमान प्रॉडक्ट्स को नए बाज़ारों में पेश करें, जिनका आपने पहले कभी दोहन नहीं किया है। विभिन्न बाज़ारों को खोजें, ताकि आप अपने प्रॉडक्ट को राष्ट्रीय और अंतरराष्ट्रीय स्तर पर पहुँचा सकें।

याद रखें, आपके 80 प्रतिशत संभावित ग्राहक तो यह जानते ही नहीं हैं कि आपका प्रॉडक्ट या सेवा मौजूद है और इसे ख़रीदने पर उन्हें कितना फ़ायदा हो सकता है।

चौथी और अक्सर सबसे मुश्किल रणनीति यह है कि आप नए बाज़ारों के लिए नए प्रॉडक्ट्स विकसित करें। आईपॉड, आईफ़ोन और आईपैड बनाने वाली ऐपल एक समय संसार की सबसे मूल्यवान कंपनी थी और ऐपल की कहानी नए बाज़ारों के लिए नए प्रॉडक्ट्स बनाने का आदर्श उदाहरण है।

एक और उदाहरण फ़ेसबुक हो सकती है, जो एक विचार से दस साल के भीतर एक अरब ग्राहकों में बदल गई और जिसने बहुत से लोगों को बहुत दौलतमंद बना दिया।

मार्क ज़करबर्ग और उनके साझेदारों ने यह भाँप लिया कि लोगों को इस बात की भारी ज़रूरत थी कि वे प्रौद्योगिकी का फटाफट और कुशल इस्तेमाल करके दूर-दराज़ के दूसरे लोगों से संवाद करें और जुड़ें। इस बुनियादी विचार से शुरू करके फ़ेसबुक ने जुड़ाव की व्यापक और बहुतेरी गतिविधियों का विस्तार किया। आज यह इतिहास के सबसे सफल और सबसे तेज़ गति से विकास करने वाले व्यावसायिक उद्यमों में से एक बन गई है।

आप अपनी विद्यमान क्षमताओं, संसाधनों, मानवशक्ति और उत्पादन क्षमताओं का इस्तेमाल करके नए बाज़ारों के लिए कौन से प्रॉडक्ट्स और सेवाएँ विकसित कर सकते हैं? लीक से हटकर सोचें।

आपके लिए अंतिम रणनीति यह है कि आप दूसरी कंपनियों के बनाए उत्कृष्ट प्रॉडक्ट्स और सेवाओं को पहचानें, जो आपके विद्यमान ग्राहकों के लिए आदर्श होंगे। आप दूसरे लोगों के बनाए प्रॉडक्ट्स का मार्केटिंग साधन बनने के लिए संयुक्त उपक्रम और रणनीतिक गठबंधन कर सकते हैं। यह कम जोखिम और उच्च लाभ की रणनीति है, जिसे आप शुरुआत में प्रयोग के तौर पर आज़मा सकते हैं।

19

बेचने के लिए दूसरे तरीक़ों का इस्तेमाल करें

किसी प्रॉडक्ट या सेवा को बेचने के शायद तीस अलग-अलग तरीक़े होते हैं। दुर्भाग्य से आम कंपनी अपने प्रॉडक्ट बेचने के एक या शायद दो तरीक़ों से प्रेम करने लगती है और उन्हीं प्रणालियों व रणनीतियों पर ध्यान केंद्रित करती है। इस कमज़ोरी की वजह से कंपनियाँ संभावित भारी बिक्री के अवसर चूक जाती हैं।

आज आप बहुत सारे तरीक़ों से इंटरनेट पर अपने प्रॉडक्ट या सेवा बेच सकते हैं। इसके अलावा आप इन साधनों से भी बेच सकते हैं : टेलीफ़ोन बिक्री, छोटे और बड़े पैमाने पर रिटेल सेल्स, डायरेक्ट सेलिंग, होलसेल, कैटेलॉग, समाचार-पत्र, फ्रैंचाइज़ी, वितरकों के ज़रिये, मल्टीलेवल मार्केटिंग, इन-होम बिक्री, टेलीविज़न, रेडियो और अन्य मीडिया बिक्री, जिनमें मोबाइल भी शामिल है, साथ ही संयुक्त उपक्रम, रणनीतिक गठबंधन या ट्रेड शो भी।

हज़ारों कंपनियाँ हर साल बिक्री के इनमें से एक या ज़्यादा अलग-अलग तरीक़ों से करोड़ों-अरबों डॉलर के प्रॉडक्ट्स या सेवाएँ

बेचती हैं। अगर आप इनमें से केवल एक या दो तरीक़ों का ही इस्तेमाल कर रहे हैं, तो बेचने का एक अतिरिक्त तरीक़ा आज़माकर ही आप अपने व्यवसाय को दोगुना कर सकते हैं और मार्केट लीडर बन सकते हैं।

वितरण मार्गों के ज़रिये अवसर पाना

वितरण मार्ग के ज़रिये ही आपका सामान कंपनी से अंतिम उपयोगकर्ता तक पहुँचता है। कई मामलों में प्रॉडक्ट्स को बाज़ार तक पहुँचाने के तरीक़े प्रॉडक्ट्स से ज़्यादा महत्त्वपूर्ण होते हैं। जब प्रॉडक्ट्स पुरातनपंथी हो जाते हैं और बाज़ार से लुप्त हो जाते हैं, तब भी वितरण मार्ग क़ायम रहते हैं और लंबे समय तक चलते हैं।

आप अपने विद्यमान वितरण मार्गों से कौन से अतिरिक्त प्रॉडक्ट बेच सकते हैं? मिसाल के तौर पर, आइए मान लेते हैं कि आपका वितरण मार्ग आपकी वेबसाइट है। आप ऑनलाइन बिक्री के कौन से अतिरिक्त तरीक़े इस्तेमाल कर सकते हैं, जो आपके वर्तमान तरीक़े से भिन्न हों या उसके पूरक हों? कौन से अतिरिक्त वितरण मार्ग आपके वर्तमान प्रॉडक्ट्स के लिए उपयुक्त होंगे?

देखें कि आपके प्रतिस्पर्धी क्या कर रहे हैं। क्या वे आपसे भिन्न वितरण मार्गों का इस्तेमाल कर रहे हैं? कई बार तो वितरण मार्ग बदलने से ही उन प्रॉडक्ट्स की संख्या में महत्त्वपूर्ण फ़र्क़ पड़ सकता है, जिन्हें आप बाज़ार में बेच रहे हैं।

आप अपने विद्यमान वितरण मार्गों के लिए कौन से नए प्रॉडक्ट्स बना सकते हैं? क्या आप अपनी विद्यमान प्रॉडक्ट रेंज के अनुरूप नए प्रॉडक्ट्स बना सकते हैं और विकसित कर सकते हैं?

आपने अब तक जो प्रॉडक्ट्स उतारे हैं, उनसे पूरी तरह से अलग कौन से प्रॉडक्ट हैं, जो आप नए या विद्यमान वितरण मार्गों के लिए बना सकते हैं?

सफलता की कहानी

मिसाल के तौर पर, कई साल तक एवन संसार की सबसे सफल कॉस्मेटिक रिटेल कंपनियों में से एक थी, जिसके डिस्ट्रिब्यूटर घर-घर जाकर ग्राहकों के घर पर डायरेक्ट सेलिंग करते थे। महिलाएँ प्रॉडक्ट का प्रदर्शन करने के लिए घर-घर जाती थीं, कैटेलॉग छोड़ आती थीं, ऑर्डर लेती थीं और करोड़ों डॉलर के प्रॉडक्ट्स बेचती थीं।

बहरहाल, बाज़ार बदल गया। ज़्यादातर महिला ग्राहक ऑफ़िसों में नौक़री करने लगीं। इसलिए एवन ने घर के बजाय ऑफ़िस में जाना शुरू कर दिया और जो महिलाएँ अब तक घर-घर जा रही थीं, वे उन्हीं प्रॉडक्ट्स के साथ ऑफ़िसों में जाने लगीं। उन्होंने रहवासी बिक्री को ऑफ़िस व वाणिज्यिक बिक्री में बदल दिया।

इसके अलावा एवन ने कॉस्मेटिक्स को अपग्रेड किया और बदला, इसे ज़्यादा आकर्षक और वांछनीय बनाया और फिर आभूषण तथा अन्य वस्तुओं को जोड़ा, जो कामकाजी महिलाएँ चाहती थीं और जिन्हें वे ख़रीदना चाहती थीं। इसके फलस्वरूप एवन संसार की सबसे सफल डायरेक्ट मार्केटिंग कंपनी बन गई।

आईबीएम और डेल दोनों ने जब अपने ट्रेडमार्क वाले प्रॉडक्ट्स को दूसरी कंपनियों के रिटेल आउटलेट से बेचना शुरू किया, तो उन्होंने अपने कंप्यूटर व्यवसाय में क्रांति कर दी और अपनी बिक्री अरबों डॉलर बढ़ा ली। इससे पहले दोनों ही कंपनियों ने बिक्री और डिलिवरी की प्रक्रिया को हमेशा आंतरिक रखा था। जब वे रिटेल आउटलेट्स से अपने प्रॉडक्ट्स बेचने लगीं, तो वे करोड़ों अतिरिक्त ग्राहकों की नज़रों में आए। इस तरह ये कंपनियाँ पर्सनल कंप्यूटर और दूसरे उपकरणों के क्षेत्र में बाज़ार में अपनी पैठ को दोगुना और तिगुना करने में सक्षम बनीं।

कई साल तक ऐपल ने अपने सभी प्रॉडक्ट्स ऑनलाइन, सीधे और रिटेल आउटलेट्स के ज़रिये बेचे, फिर यह अपने ख़ुद के रिटेल स्टोर

खोलने लगी। इसने सबसे अच्छे बाज़ार शोध, प्रकाश व्यवस्था, लेआउट और प्रौद्योगिकी का इस्तेमाल करके वह बनाया, जो आज संसार में सबसे आदर्श ख़रीदारी और बेचने का अनुभव बन चुका है।

जब तक ग्राहक संतुष्टि और अप्रत्यक्ष बिक्री पर एकाग्रता और उनकी अविश्वसनीय संवेदनशीलता के साथ ऐपल के रिटेल स्टोर्स खुले, तब तक न्यू यॉर्क की आभूषण-विक्रेता टिफ़ैनीज़ 2,600 डॉलर प्रति वर्ग फुट की दर से सबसे ज़्यादा कमाने वाली रिटेल कंपनी थी। बहरहाल, आज ऐपल के स्टोर 4,600 डॉलर प्रति वर्ग फुट आमदनी करते हैं और वे यह काम 'बेचे बिना बेचकर' करते हैं।

बिक्री प्रक्रिया को पेशेवर बनाएँ

आप अपने प्रॉडक्ट या सेवा को दरअसल कैसे बेचते हैं? ई-मेल, फ़ोन या आमने-सामने के पहले ग्राहक संपर्क से लेकर बिक्री की निश्चित प्रक्रिया क्या है और लोग प्रक्रिया की हर अवस्था में सटीकता से क्या पूछते तथा कहते हैं?

ज़्यादातर छोटी कंपनियों में हर कोई वही पहले शब्द बोलता है, जो ग्राहक से संपर्क होने पर उसके दिमाग़ में आते हैं। कोई एकरूपता या समानता नहीं रहती है। बिक्री के परिणाम भी एक जैसे नहीं होते हैं और अनिश्चित होते हैं, लेकिन जब कंपनियाँ विकास करती हैं, तो उन्हें अहसास होता है कि उन्हें एक आज़माई हुई बिक्री प्रक्रिया की ज़रूरत है, जिसका पालन हर व्यक्ति ग्राहक से पहले संपर्क से लेकर बिक्री के समापन और प्रॉडक्ट पहुँचाने तक करे।

ज़्यादातर सफल कंपनियाँ अपनी बिक्री गतिविधियों को पेशेवर बनाने पर भारी ज़ोर देती हैं। वास्तव में, पूरी तरह से प्रशिक्षित पेशेवर बिक्री दल वाली कंपनी ज़्यादा संख्या में बेच सकती है और ज़्यादा दाम वसूल कर सकती है, जो वह कंपनी नहीं कर सकती, जिसका प्रॉडक्ट तो शायद बेहतर है, लेकिन जिसे अनिश्चित और बेतरतीब तरीक़े से बेचा जाता है।

आप जिस तरह से मार्केटिंग करते हैं (यानी आप किस तरह रुचिवान संभावित ग्राहकों को आकर्षित करते हैं) और आप जिस तरह से बेचते हैं (यानी आप किस तरह रुचिवान संभावित ग्राहकों को वास्तविक ख़रीदारों में बदलते हैं), उसमें छोटे-छोटे परिवर्तन करने से आपकी बिक्री और मुनाफ़ा बहुत ज़्यादा बढ़ सकता है। बेहतर बिक्री और मार्केटिंग एक छोटी कंपनी और एक बड़ी कंपनी के बीच का फ़र्क़ साबित हो सकती है।

हर बड़ी राष्ट्रीय कंपनी में ऐसी शाखाएँ होती हैं, जो दूसरी शाखाओं से पाँच या दस गुना ज़्यादा सामान बेचती हैं, हालाँकि सेल्सपीपुल की संख्या, बाज़ार का आकार और प्रॉडक्ट्स के भाव समान रहते हैं। हर मामले में ऐसा इसलिए होता है, क्योंकि सेल्सपीपुल को पूरी तरह से प्रशिक्षित किया जाता है और उनका सावधानी से प्रबंधन किया जाता है, ताकि उनकी बिक्री गतिविधियाँ एकरूप हों, जिनकी भविष्यवाणी की जा सके।

20

संसाधनों के समूह की अवधारणा

'संसाधनों के समूह की अवधारणा' मार्केटिंग की सबसे महत्त्वपूर्ण अवधारणाओं में से एक है। आप एक मानसिक अभ्यास करें। अपनी कंपनी को संसाधनों का समूह मानें, जो आज कुछ प्रॉडक्ट्स या सेवाएँ बेच रही है, लेकिन यह इसके अलावा कई अन्य प्रॉडक्ट्स और सेवाओं का उत्पादन करने तथा बेचने में सक्षम है।

मूलतः मानवीय, बौद्धिक और उत्पादन संसाधनों पर ध्यान केंद्रित करें। इन्हें दिमाग़ में रखते हुए अपने विद्यमान कर्मचारियों, योग्यताओं, उपकरणों और वित्तीय तंत्रों के साथ आप किन नए प्रॉडक्ट्स या सेवाओं का उत्पादन कर सकते हैं, ताकि नए बाज़ारों में नए ग्राहकों को आकर्षित किया जा सके?

अपने व्यवसाय को संसाधनों का समूह मानने से सिर्फ़ वर्तमान प्रॉडक्ट्स और सेवाओं तक सोचने की सीमा हट जाती है, जिनसे आप वर्तमान बाज़ारों और ग्राहकों की सेवा कर रहे हैं। तब आप यह सोचने लगते हैं कि आपके संसाधनों का समूह दूसरे लाभदायक बाज़ारों के लिए

बहुत सारे अन्य लाभदायक प्रॉडक्ट्स और सेवाओं का उत्पादन भी कर सकता है।

बिल्कुल नए प्रॉडक्ट्स

इंटेल संसाधनों के समूह की इस अवधारणा का बेहतर उदाहरण है। 1970 और 1980 के दशक में इंटेल लगभग हर छोटे-बड़े उपभोक्ता उपकरण में लगने वाली कंप्यूटर चिप्स के क्षेत्र में वैश्विक लीडर बन गया, जिनमें टोस्टर और वॉशिंग मशीन शामिल थे, लेकिन फिर कोरिया और ताइवान की कंपनियों ने बहुत कम भाव पर उसी या बेहतर गुणवत्ता के कंप्यूटर चिप्स बाज़ार में उतार दिए, जिससे इंटेल को सत्य से साक्षात्कार करना पड़ा।

इंटेल के लोगों को, जिनमें प्रेसिडेंट एंड्रयू ग्रव शामिल थे, यह अहसास हुआ कि कंप्यूटर चिप्स के क्षेत्र में उनका कोई भविष्य नहीं है। तब उन्होंने पूरे व्यवसाय को बदलकर सिर्फ़ कंप्यूटरों के लिए माइक्रोचिप्स के उत्पादन पर ध्यान केंद्रित करने का निर्णय लिया। इसके लिए इंटेल को करोड़ों डॉलर की फ़ैक्ट्रियाँ बेचनी पड़ीं। इंटेल ने अपने सभी संसाधन विकासशील पर्सनल कंप्यूटर बाज़ार के लिए नए प्रॉडक्ट्स के उत्पादन करने वाली नई फ़ैक्ट्रियाँ बनाने में लगा दिए।

जैसी आप कल्पना कर सकते हैं, इस क़दम का भारी विरोध हुआ। इंजीनियरों और स्टाफ़ ने आंतरिक विरोध किया, क्योंकि इस परिवर्तन से उनकी रोज़ी-रोटी प्रभावित हो रही थी। बाहर बाज़ार में ग्राहकों और प्रतिस्पर्धियों ने विरोध किया, लेकिन ग्रव अपने निर्णय पर अटल रहे और उन्होंने यह परिवर्तन कर दिया। कुछ ही वर्षों में 'इंटेल इनसाइड' पर्सनल कंप्यूटर के लिए 'स्वर्णिम पैमाना' बन गया और इंटेल आगे चलकर संसार की सबसे सफल और लाभदायक कंपनियों में से एक बन गई।

अपने विकल्प टटोलें

शायद आपको नए वितरण मार्गों के साथ नए बाज़ारों के लिए नए प्रॉडक्ट्स बनाने और बेचने की नई संभावनाओं को टटोलने के लिए एक नया व्यवसाय या प्रभाग शुरू करने की ज़रूरत हो। मार्केटिंग में खुला और लचीला दिमाग़ अनिवार्य है। आज बाज़ार में जो कंपनियाँ सफल हैं, उनमें से कई संभवतः आज से पाँच या दस साल बाद कोई बिलकुल ही अलग चीज़ बेच सकती हैं - और शायद बेचेंगी भी। इसके अलावा, आपने अब तक जो चीज़ की है, उसके बजाय नए प्रॉडक्ट्स और सेवाओं से आपको ज़्यादा मुनाफ़े के अवसर मिल सकते हैं।

रुझान या प्रवृत्तियाँ क्या हैं? बाज़ार कहाँ जा रहा है? आज आपके ग्राहकों की ऐसी कौन सी ज़रूरतें हैं, जिन्हें आप वर्तमान में पूरा नहीं कर रहे हैं, लेकिन जिन्हें आप पूरा करने में सक्षम हैं? आपके ग्राहक भविष्य में क्या चाहेंगे और आप नए प्रॉडक्ट्स कैसे विकसित कर सकते हैं, ताकि आप ज़रूरत पड़ते ही अपने ग्राहकों को उनकी मनचाही चीज़ दे पाएँ?

21

अपने व्यवसाय को बदलने के चार तरीक़े

व्यवसाय हो या जीवन, केवल चार तरीक़े हैं, जिनसे आप महत्त्वपूर्ण परिवर्तन कर सकते हैं।

पहला तरीक़ा यह है कि आप 'कुछ चीज़ें ज़्यादा' कर सकते हैं। आपको कौन सी चीज़ें ज़्यादा करनी चाहिए? जवाब यह है कि आपको वे चीज़ें ज़्यादा करनी चाहिए, जिनसे आपको सबसे अच्छे परिणाम मिल रहे हैं, वे चीज़ें ज़्यादा करनी चाहिए, जो सफल हो रही हैं, वे गतिविधियाँ ज़्यादा करनी चाहिए, जो सबसे ज़्यादा बिक्री और मुनाफ़ा करा रही हैं।

यह आश्चर्यजनक है कि कितनी सारी कंपनियाँ इस बुनियादी सिद्धांत को नज़रअंदाज़ कर देती हैं। वे अपनी पूरी प्रॉडक्ट लाइन के प्रचार में समय और पैसे की समान मात्रा ख़र्च करती हैं। वे उन प्रॉडक्ट्स को चिन्हित ही नहीं करती हैं, जिन पर पर्याप्त समय व ध्यान देने पर वे बाज़ार में बेहद सफल और लाभदायक बन सकते हैं।

बाक़ी चीज़ें 'कम करना' परिवर्तन करने का दूसरा तरीक़ा है। आपको कौन सी चीज़ें कम करनी चाहिए? जवाब आसान है। आपको वे

चीज़ें कम करनी चाहिए, जिनसे आपको दूसरे कामों के मुक़ाबले कमतर परिणाम मिल रहे हों।

अपने व्यवसाय पर 80/20 के नियम को लागू करें। आपके पूरे 80 प्रतिशत प्रॉडक्ट्स केवल 20 प्रतिशत बिक्री और मुनाफ़ा ही कराते हैं। कई कंपनियों की यह रणनीति होती है कि वे हर साल अपने 10 या 20 प्रतिशत प्रॉडक्ट्स बंद कर देती हैं और उनका लक्ष्य यह होता है कि हर साल नए प्रॉडक्ट्स और सेवाओं से उनकी 20 प्रतिशत बिक्री हो।

आपके व्यवसाय को बदलने और बिक्री को बेहतर बनाने के पहले दो तरीक़े हैं, कुछ चीज़ें ज़्यादा करना और बाक़ी चीज़ें कम करना। आपको क्या ज़्यादा या कम करना चाहिए?

अपने आरामदेह दायरे को तोड़ दें

बिक्री और मार्केटिंग के परिणामों को बदलने का तीसरा तरीक़ा यह है कि आप कोई बिलकुल नई और अलग चीज़ करने लगें। यह सबसे मुश्किल कामों में से एक है। चाहे उनके आस-पास कुछ भी चल रहा हो, ज़्यादातर लोग 'आरामदेह दायरे' में फँसे रहते हैं, जिसमें बने रहने के लिए वे जीतोड़ कोशिश करते हैं।

इससे 'यहाँ नहीं खोजा गया' की समस्या स्पष्ट होती है, जिसकी वजह से नोकिया ने उन प्रौद्योगिकियों को अस्वीकार कर दिया, क्योंकि उसे यह डर था कि इससे उसके विद्यमान व्यवसाय में कमी आ जाएगी, जबकि उसने ही आईफ़ोन और आईपैड में लगने वाली ज़्यादातर मूल प्रौद्योगिकी ईजाद की थी।

यह मार्केटिंग और बिक्री के क्षेत्र में एक बड़ी कमज़ोरी है। कंपनियाँ अपने विद्यमान प्रॉडक्ट्स के प्रेम में पड़ जाती हैं और फिर दूसरे प्रॉडक्ट्स का प्रतिरोध करती हैं, जो उनके विद्यमान व्यवसाय में कटौती कर सकते हैं। इसी वजह से ब्लैकबेरी और नोकिया का पतन हुआ। यह हर साल

पूरे संसार में सभी आकारों की कंपनियों की अवनति और उनके पतन का कारण बनता है।

तो आज के बाज़ार में बचे रहने और फलने-फूलने के लिए आपको क्या शुरू करना चाहिए? अपनी उत्कृष्ट पुस्तक *कॉम्पीटिंग फ़ॉर द फ्यूचर* में गैरी हामेल और सी.के. प्रहलाद ने लिखा था कि हर कंपनी को भविष्य में पाँच साल आगे तक जाना चाहिए और उस वक़्त बाज़ार पर वर्चस्व जमाने की योजना बनानी चाहिए। आपको भी सोचने के अभ्यास के रूप में नियमित रूप से यही करना चाहिए।

अपना ख़ुद का भविष्य बनाएँ

फिर आप भविष्य से लौटकर वर्तमान तक आते हैं और पूछते हैं, "हमें आज ही क्या करना शुरू करना चाहिए, ताकि हम आज से पाँच साल बाद अपने उद्योग का नेतृत्व करें?"

हमें किन अतिरिक्त प्रॉडक्ट्स और सेवाओं की ज़रूरत होगी? हमें किन अतिरिक्त योग्यताओं और क्षमताओं की ज़रूरत होगी? हमें क्या कम और क्या ज़्यादा करना होगा? हमें आज से पाँच साल बाद मार्केट लीडर बनने के लिए क्या करना होगा और क्या तुरंत शुरू करना होगा?

किसी नए काम को शुरू करना सबसे मुश्किल चीज़ों में से एक है। इसीलिए कनफ्यूशियस ने लिखा था, "हज़ार मील लंबी यात्रा भी एक क़दम से शुरू होती है।" अपने व्यवसाय में किसी नई चीज़ शुरू करने के मामले में यह याद रखें कि पहला क़दम हमेशा सबसे मुश्किल होता है, लेकिन अगर आप भविष्य का शिकार बनने के बजाय अपने भविष्य का निर्माण करने जा रहे हैं, तो पहला क़दम हमेशा सबसे ज़रूरी होता है।

रणनीतिक नियोजक माइकल कामी ने ये मशहूर शब्द कहे थे, "जो लोग भविष्य की योजना नहीं बनाते हैं, उनका कोई भविष्य नहीं है।"

एक और कहावत है, "आपने अब तक जो हासिल नहीं किया है, किसी ऐसी चीज़ को हासिल करने के लिए आपको कोई ऐसी चीज़ करनी होगी, जो आपने पहले कभी नहीं की है। आपको ऐसी योग्यताएँ सीखनी होंगी, जो आपमें पहले कभी नहीं थीं। आपको ऐसे प्रॉडक्ट्स और सेवाएँ पेश करनी होंगी, जो आपने पहले कभी पेश नहीं की थीं। आप पहले जैसे इंसान रहे हैं, आपको उससे भिन्न इंसान बनना होगा।"

शून्य-आधारित सोच का अभ्यास करें

अपने जीवन और कामकाज को बदलने का चौथा तरीक़ा यह है कि आप कुछ चीज़ें करना बिलकुल ही छोड़ दें। कई गतिविधियाँ आपका समय और पैसा खाती हैं। हो सकता है कि वे किसी समय मूल्यवान रही हों, लेकिन अब मूल्यवान और महत्त्वपूर्ण नहीं रह गई हैं। आरामदेह दायरे के प्रभाव की वजह से कई लोग उन चीज़ों को करने में बहुत सारा समय बर्बाद करते हैं, जिन्हें करने की ज़रूरत ही नहीं है।

अपने सभी मार्केटिंग प्रयासों में शून्य-आधारित सोच का अभ्यास करें। यह प्रश्न पूछें, "क्या आज मैं कोई ऐसी चीज़ कर रहा हूँ, जिसे मैं अपने वर्तमान ज्ञान के आधार पर दोबारा शुरू नहीं करूँगा, अगर मुझे यह दोबारा करना पड़े?"

क्या कोई ऐसा प्रॉडक्ट या सेवा है, जिसे आप अपने वर्तमान ज्ञान के आधार पर आज बाज़ार में नहीं उतारेंगे? क्या कोई मार्केटिंग या बिक्री गतिविधि है, जिसे आप अपने वर्तमान ज्ञान के आधार पर आज दोबारा शुरू नहीं करेंगे? क्या आपकी कोई ऐसी व्यावसायिक प्रक्रिया है, जिसे आप अपने वर्तमान ज्ञान के आधार पर दोबारा शुरू नहीं करेंगे, अगर आपको इसे दोबारा करना पड़े?

इस प्रश्न को नियमित रूप से पूछकर आप अपने दिमाग़ को साफ़ कर सकते हैं और नई संभावनाओं के द्वार खोल सकते हैं। यह आश्चर्यजनक और दुर्भाग्यपूर्ण है कि कितनी सारी कंपनियाँ ऐसे काम

करने में अटकी हैं, जिन्हें वे अपने वर्तमान ज्ञान के आधार पर दोबारा कभी शुरू नहीं करेंगी और जिनमें अनावश्यक समय और पैसा ख़र्च होता है। पुरानी और व्यर्थ चीज़ों में अटके रहने से आपकी ऊर्जा भटक जाती है, जिससे आप नए प्रॉडक्ट तैयार कर सकते हैं और मार्केटिंग के नए तरीक़े सोच सकते हैं, जो आज के बाज़ार के लिहाज़ से ज़्यादा उचित हैं।

अपना दिमाग़ खुला रखें

सृजनात्मक बनें। आरामदेह दायरे के प्रलोभन से बचें। न्यूनतम प्रतिरोध के मार्ग पर चलने से इंकार करें। आपने अतीत में हमेशा जो किया है, वही करते रहने का प्रतिरोध करें। अपने प्रॉडक्ट्स और सेवाओं के ज़्यादा नए, ज़्यादा अच्छे, ज़्यादा तेज़, ज़्यादा सस्ते, ज़्यादा आसान, ज़्यादा सुविधाजनक और कम महँगे तरीक़ों की तलाश करें। इस संभावना को स्वीकार करें कि आप आज जो कर रहे हैं, वह हर चीज़ बाज़ार के परिवर्तनों और आक्रामक प्रतिस्पर्धा की वजह से जल्दी ही दक़ियानूसी हो जाएगी। परिवर्तन के प्रति दिमाग़ खुला रखें और जब भी आपके दिमाग़ में कोई नायाब विचार आए, तो किसी दूसरे से पहले फुर्ती से काम करें।

जैसा बेसबॉल खिलाड़ी सैचल पेज ने कहा था, "पीछे मत देखो। इतने समय में कोई दूसरा आपकी बराबरी कर सकता है।"

सार और निष्कर्ष

मार्केटिंग सभी व्यावसायिक खेलों में सबसे रोमांचक है। यह हर सफल व्यवसाय की धड़कन है। हर स्तर पर और हर जगह जानकारी व प्रौद्योगिकी के विस्तार और प्रतिस्पर्धा की आक्रामकता की वजह से यह लगातार बदल रही है।

समूची व्यावसायिक रणनीति ही मार्केटिंग रणनीति है। सर्वश्रेष्ठ मार्केटिंग रणनीतियों के बारे में स्पष्टता और अच्छी तरह से सोचने की योग्यता और अपनी गतिविधियों को लगातार बदलने तथा संशोधित करने की आपकी क़ाबिलियत आपके व्यवसाय के भविष्य की कुंजी है।

सौभाग्य से सारी व्यावसायिक योग्यताओं की तरह ही मार्केटिंग को भी अभ्यास, प्रयोगशीलता और लगातार ग़लतियाँ करके सीखा जा सकता है। कुंजी है परीक्षण करना, परीक्षण करना, परीक्षण करना। और आज आपके लिए जो भी मार्केटिंग रणनीति काम कर रही है, चाहे वह कितनी ही सफल हो, वह जल्दी ही दक़ियानूसी बन जाएगी और उसकी जगह पर एक नई या अलग मार्केटिंग रणनीति आ जाएगी।

आपके प्रतिस्पर्धी ही आपकी बिक्री, बाज़ार में हिस्सेदारी और मुनाफ़े को तय करते हैं। और आपके प्रतिस्पर्धी आज जितने संकल्पवान और आक्रामक हैं, उतने पहले कभी नहीं रहे। आपका काम अपने प्रतिस्पर्धियों से ज़्यादा अच्छा, ज़्यादा तेज़ और ज़्यादा सृजनात्मक बनना है। आपका

लक्ष्य बाज़ार में नेतृत्व हासिल करने के लिए प्रतिस्पर्धियों से लगातार आगे कूदते रहना है। आप कितना हासिल कर सकते हैं, सौभाग्य से इस बात की कोई सीमा नहीं है। सीमा सिर्फ़ वही है, जो आप ख़ुद के लिए तय करते हैं।

शुभकामनाएँ!

लेखक के बारे में

ब्रायन ट्रेसी पेशेवर वक्ता, प्रशिक्षक, सेमिनार लीडर और परामर्शदाता तथा ब्रायन ट्रेसी इंटरनेशनल के चेयरमैन हैं, जो सोलाना बीच, कैलिफ़ोर्निया स्थित एक प्रशिक्षण व परामर्शदात्री कंपनी है।

ब्रायन ने अपने ख़ुद के दम पर सफलता हासिल की। 1981 में व्याख्यानों तथा सेमिनारों के ज़रिये उन्होंने पूरे अमेरिका में वे सिद्धांत सिखाए, जिन्हें उन्होंने बिक्री और व्यवसाय में ईजाद किया था। आज उनकी पुस्तकें और ऑडियो तथा वीडियो प्रोग्राम - 500 से अधिक - 38 भाषाओं में उपलब्ध हैं और 55 देशों में इस्तेमाल हो रहे हैं।

वे पचास से ज़्यादा पुस्तकों के बेस्टसेलिंग लेखक हैं, जिनमें *फुल एंगेजमेंट* तथा *रिइनवेंशन* शामिल हैं।